우리는
혼자가
아닙니다

우리는 혼자가 아닙니다

2011년 6월 10일 교회 인가
2011년 7월 15일 초판 1쇄 펴냄
2021년 8월 8일 개정 초판 1쇄 펴냄
2024년 2월 20일 개정 초판 2쇄 펴냄

지은이 · 손희송
펴낸이 · 정순택
펴낸곳 · 가톨릭출판사
편집 겸 인쇄인 · 김대영

본사 · 서울특별시 중구 중림로 27
등록 · 1958. 1. 16. 제2-314호
전자우편 · edit@catholicbook.kr
전화 · 1544-1886(대표 번호)
지로번호 · 3000997

ISBN 978-89-321-1782-9 03230

값 15,000원

© 손희송, 2011
성경 © 한국천주교중앙협의회, 2005
가톨릭 교회 교리서 © 한국천주교중앙협의회, 2008
제2차 바티칸 공의회 문헌 © 한국천주교중앙협의회, 2007

이 책은 저작권법에 의해 보호를 받는 저작물이므로 무단 전재와 무단 복제를 금합니다.

가톨릭의 모든 도서와 성물을 '가톨릭출판사 인터넷쇼핑몰'에서 만나 보실 수 있습니다.
http://www.catholicbook.kr | (02)6365-1888(구입 문의)

우리는
혼자가
아닙니다

— 손희송 지음

가톨릭출판사

머리말

따뜻한 동행

　오래전에 유행하던 〈동행同行〉이란 제목의 대중가요에 이런 노랫말이 나옵니다. "누가 나와 같이 함께 울어 줄 사람 있나요. 누가 나와 같이 함께 따뜻한 동행이 될까. 사랑하고 싶어요. 빈 가슴 채울 때까지."

　굴곡 많은 인생길을 함께 가면서 곁에서 힘을 보태 주고 마음을 서로 나눌 사람을 고대하는 심정이 녹아든 노랫말입니다. 친구를 사귀고, 멘토를 찾으며, 결혼을 하는 것은 이런 동행을 바라기 때문인 듯합니다. 인생 여정에 '따뜻한 동행'이 되어 줄 사람을 만난다는 것은 크나큰 축복이며 행복이 아닐 수 없습니다.

성경은 '하느님은 우리와 동행해 주시는 따뜻한 분'이라고 가르쳐 줍니다. 그분은 모세에게 이스라엘 백성을 파라오의 손아귀에서 해방시키라는 어려운 사명을 맡기시면서 동행을 약속하십니다. "내가 너와 함께 있겠다."(탈출 3,12) 이사야 예언자는, 하느님은 우리가 늙고 허약해져도 결코 동행을 포기하지 않으신다고 말합니다. "너희가 늙어 가도 나는 한결같다. 너희가 백발이 되어도 나는 너희를 지고 간다. 내가 만들었으니 내가 안고 간다. 내가 지고 가고 내가 구해 낸다."(이사 46,4)

하느님은 우리와 좀 더 가까이 계시고자 당신 아드님을 세상에 보내십니다. 마태오 복음사가는 이사야서 7장 14절의 메시아 탄생 예언이 예수님과 함께 실현되었다고 하면서 이렇게 말합니다. "'보아라, 동정녀가 잉태하여 아들을 낳으리니 그 이름을 임마누엘이라고 하리라.' 하신 말씀이다. 임마누엘은 번역하면 '하느님께서 우리와 함께 계시다'는 뜻이다."(마태 1,23)

사람이 되신 하느님의 아드님 예수님은 인간들과 함께 사시면서 그들이 구원의 길로 갈 수 있도록 동행하십니다. "말씀이 사람이 되시어 우리 가운데 사셨다."(요한 1,14)

예수님은 부족하고 허물 많은 사람과도 함께하십니다. 그분은 베드로가 당신을 배신할 것으로 내다보시면서도 그를 버리지 않으십니다. "시몬아, 시몬아! 보라, 사탄이 너희를 밀처럼 체질하겠다고 나섰다. 그러나 나는 너의 믿음이 꺼지지 않도록 너를 위하여 기도하였다. 그러니 네가 돌아오거든 네 형제들의 힘을 북돋아 주어라."(루카 22,31-32)

이렇게 예수님은 못난 제자도 내치지 않고 기도로써 동행해 주십니다. 예수님은 지상에서 당신 사명을 마치고 성부께 돌아가시기 전에 제자들에게 동행을 약속하십니다. "보라, 내가 세상 끝 날까지 언제나 너희와 함께 있겠다."(마태 28,20) 그뿐만 아니라 그들을 보호해 줄 성령을 보내시겠다고 약속하십니다. "내가 아버지께 청하면, 아버지께서는 다른 보호자를 너희에게 보내시어, 영원히 너희와 함께 있도록 하실 것이다."(요한 14,16)

"내가 세상 끝 날까지 언제나 너희와 함께 있겠다."라는 약속의 말씀에 힘입어 우리 마음에서 근심, 걱정, 두려움, 욕심을 덜어 내면 좋겠습니다. 우리는 매일매일 가정, 학교, 직장, 인간관계 때문에 다양한 근심과 걱정거리를 짊어지고 삽니다. 변화무쌍한 세상에서 미래에 대한 두려움을 안고 힘겹게 살아갑니다. 또한 치열한 생존 경쟁에서 살아남기 위해 이런저런 욕심에 사로잡혀서 발버둥 치며 삽니다. 그럴수록 행복은 멀리 도망가지요. 주님께서 나와 동행하시면서 필요한 힘과 깨달음, 용기를 주신다는 것을 믿고 산다면, 과도하게 근심과 걱정을 하지 않아도 되고, 두려움과 욕심도 많이 줄어들 것입니다. 그렇게 되면 행복도 점점 더 가까워질 것입니다.

세상 사람들이 다 나를 버린다고 해도 하느님은 나를 버리지 않는 분입니다. "내 아버지와 어머니가 나를 버릴지라도 주님께서는 나를 받아 주시리라."(시편 27,10) 하느님을 믿는 이들은 어떤 처지에서도, 고통과 죽음의 순간에도 자신이 혼자가 아니라는 것을 압니다. 그래서 시편의 저자와 함께 이렇게 고백할 수 있습니다. "주님은 나의 목자, 나는 아쉬울 것 없어라.

…… 제가 비록 어둠의 골짜기를 간다 하여도 재앙을 두려워하지 않으리니 당신께서 저와 함께 계시기 때문입니다."(시편 23,1-4) 신앙인들이 주님의 '따뜻한 동행'을 체험하고, 늘 그분께 모든 것을 맡기면서 행복하게 살아가는 모습을 보여 주면 좋겠습니다. 아울러 우리도 우리와 동행해 주시는 주님 곁에 머물면서 그분께 힘을 얻어 다른 이들과 동행해 주는 따뜻한 사람으로 거듭나면 좋겠습니다.

이 책은 지난 십여 년 동안 교회 내의 월간지와 신문에 게재했던 글과 인터넷 홈페이지에 올려놓았던 글을 모아서 엮은 것입니다. 정기 간행물은 지면 제한이 있어서 하고 싶은 얘기를 다 할 수가 없었습니다. 그래서 글을 모아 책으로 엮으면서 내용을 좀 더 보충했습니다. 출처가 표기되지 않은 글은 제 홈페이지(www.cyworld.com/beneson)에 담아 놓은 것들입니다. 제 생각이 여물 때마다 가끔씩 올렸던 글에 대해 공감과 격려로 응답해 주신 분들을 통해서 또 하나의 '따뜻한 동행'을 체험했습니다.

이 책으로 저의 사제 수품 25주년을 기념하고 싶습니다. 하느님의 큰 은총 덕분에 그분의 사제로 선택되어 25년간을 행복하게 살아왔습니다. 하느님께서 사랑과 인내로 많이 부족한 저와 동행해 주셨고, 많은 분들이 알게 모르게 기도와 격려로 동행해 주셨기에 가능했던 일입니다. 이 은혜롭고 소중한 동행에 깊이 감사드리면서 제가 서품 성구로 택한 베드로의 고백을 새로운 각오로 마음에 새겨 봅니다. "주님, 주님께서 영원한 생명을 주는 말씀을 지니셨는데 우리가 주님을 두고 누구를 찾아가겠습니까?"(요한 6,68)

하느님의 은총 가득한 동행과 사람들의 따뜻한 동행 덕분에 행복한 사제로 살아온 것은 분명한데, 제가 다른 이들과 얼마나 잘 동행하면서 행복을 전해 주었는지는 의문입니다. 살아오면서 받은 것은 아주 많은데, 내놓은 것은 별로 없어서 큰 빚을 진 기분입니다. 이 책이 그 빚을 조금이라도 갚는 계기가 되기를 바랍니다.

독자들, 특히 젊은이들이 "우리는 결코 혼자가 아니다."라는 확신을 굳건히 하는 데에 작게나마 보탬이 되는 책이 되면 좋겠습니다. 하느님께서 우리의 인생길, 하느님 나라를 향한 순례의 여정에서 동행해 주신다는 믿음은 우리의 발걸음을 비추어 주는 등불이 되고, 힘들 때 우리를 지탱해 주는 지팡이가 될 것입니다.

변변치 않은 원고의 출판을 허락해 주신 가톨릭출판사 사장 신부님, 원고를 다듬느라 수고를 아끼지 않으신 출판사 관계자들에게 진심으로 감사드립니다.

2011년 주님 탄생 예고 대축일에
혜화동 성신 교정에서
손희송

차례

머리말 —— 따뜻한 동행 · 5

제1부 —— 인생의 가파른 오르막길을 걸을 때

5원의 행복 · 17
나의 천사들 · 23
인생의 가파른 오르막길을 걸을 때 · 32
시련의 먹구름으로 캄캄할 때 · 44
유혹으로 마음이 흔들릴 때 · 52

제2부 —— 이 세상에서 별처럼 빛나십시오

어둠을 탓하기보다 스스로 작은 빛이 되어라! · 65
큰누나처럼 푸근했던 수녀님 · 74
성가정을 이루는 법 · 80
희망과 위로가 되는 성인들 · 90
성모님을 공경하는 이유 · 99

제3부 —— 침묵 속에 그리스도의 향기가 나는 사제

사제는 도로 표지판 · 111
사제는 여행 가이드 · 120
사제는 험한 세상의 다리 · 127
내 친구 봉경종 신부 · 133
부활을 체험하다! · 141

제4부 —— 마음의 환경 보호

직업을 성직으로 여긴다 · 155
고정 관념과 편견에서 벗어나려면 · 167
아름다운 노년을 위하여 · 176
죽음을 기억하라! · 185
마음의 환경 보호 · 193
'전생'과 '환생' · 199

맺음말 —— 단순하고 충실하게 주님을 섬기고 싶습니다 · 205

제1부

인생의 가파른
오르막길을 걸을 때

5원의 행복

　　등산을 하다가 가파른 산길을 올라가노라면 숨이 차고 땀이 쏟아지게 마련이다. 그럴 때 불어오는 한 줄기 시원한 바람은 땀을 식혀 주면서 기운을 북돋아 준다. 인생길도 마찬가지다. 살아가다가 가끔씩 뜻하지 않게 만나는 작은 행복은 마음을 밝혀 주고 몸에 활력을 불어넣어 준다. 아마도 이 같은 작은 행복들 때문에 인생은 살 만한 가치가 있다고 하는가 보다. 사막이 아름다운 것은 어디엔가 샘이 숨겨져 있기 때문이라는 말이 있다. 이 말을 바꾸어서 인생이 아름다운 것은 어디엔가 작은 행복이 숨겨져 있기 때문이라고 할 수 있지 않을까?

꽤 오래전에 우연히 텔레비전에서 시청한 토크쇼가 아직도 기억에 남는다. 그 당시에 큰 인기를 누리던 작가가 출연해서 중년의 어느 부부의 이야기를 들려주었는데 이야기의 내용은 대략 다음과 같다.

1960년대 초에 연애하다가 결혼한 그들은 둘 다 집안이 무척 가난했다. 그래서 한 푼이라도 결혼 자금에 보태기 위해 남들 다 가는 다방에도 가지 않고 연애 시절을 보냈다. 그들은 돈이 안 드는 데이트를 하기 위해서 주로 고궁 돌담길이나 한적한 길가를 거니는 것으로 만족해야 했다. 그들이 누리는 유일한 금전적 호사는 가끔씩 그 당시에 가장 싼 5원짜리 아이스바를 하나 사서 서로 나누어 먹는 것이었다.

마침내 두 사람은 결혼을 하고 신혼 생활을 시작했다. 빠듯한 살림살이였지만 그래도 낭만 한 자락은 남아 있었다. 남편은 퇴근하면서 가끔씩 5원짜리 아이스바를 사 와 부인과 나누어 먹으면서 연애 시절의 분위기를 되살리고는 했다. 그러던 어느 날 남편이 평소와 달리 10원짜리 아이스바를 사 왔다. 부인이 고개를 갸우뚱하면서 물었다. "오늘은 어쩐 일로 이 아이스바를 사 왔어요?" 남편은 빙긋이 웃으면서 이렇게 대답했다. "이 바보야, 오늘이 우리 결혼기념일이잖아!" 이 말을 듣고 부인은 매우 행복했다. 남편의 작은 관심이 힘들게 사느라 결혼 기념일조차 잊어버렸던 부인에게 가슴 찡한 감동을 주었기 때문이다.

이 이야기를 들려준 작가는 '사람은 이렇게 단돈 5원에도 행복해질 수 있다'는 말을 덧붙였다. 맞는 말이다. 비록 작고 보잘것없어도 거기에 따뜻한 관심과 사랑의 마음이 담겨 있다면 큰 행복을 느끼게 된다. 하지만 유감스럽게도 물질적인 풍요를 누리게 되면서 비싸고 화려한 것만을 좋아하게 되고, 그러면서 작은 것에 마음을 담아 행복을 주고받던 삶의 방식은 급속히 사라져 버렸다. 오히려 경제적으로 어렵게 살던 시절에 우리는 더 행복하게 살 줄 알았다. 그 시절에는 이웃집에서 떡 몇 조각, 부침개 몇 개를 담아서 가져오더라도 아주 감사하는 마음으로 받아서 맛있게 먹었다.

물질적 풍요와 행복 지수는 반드시 정비례하는 것은 아니다. 그렇다고 해서 지난 수십 년간 애써 일구어 온 경제적 성장을 폄하하자는 말은 아니다. 다만 작은 것에 정성을 담아 주고받는 삶의 태도를 되찾았으면 좋겠다는 것뿐이다. 그런 삶을 다시 찾는다면 적게 갖고도 행복하고 감사하는 생활을 할 수 있는 길이 열리기 때문이다. 사람에게 정신적 힘과 기쁨을 주는 것은 비싼 물건이나 높은 자리, 명예가 아니다. 소소하고 일상적인 것이 사람에게 감동을 주고 행복을 느끼게 해 준다.

필자가 오스트리아 유학 시절에 체험했던 일이다. 초등학생 나이의 두 아이를 둔 어느 한국인 부모가 나와 같은 도시에서 유학하고 있었다. 그들은 이곳에 오게 된 이유가 딸아이 때문이라고 했다. 지적 장애아였던 딸아이를 위해 사회 보장 제도가 잘된 오스트리아로 오게 되었고, 이 때문에 남편은 대학에서의 교원 자리도 포기했다는 것이다.

어느 날 식사 초대를 받아 그 집에 갔는데, 딸아이가 참 부산하게 뛰어다녔다. 그 아이에 대한 얘기를 이미 들었기에 이해하고 넘어갔다. 그런데 식사를 다 마치고 후식을 먹을 때 부산하게 움직이던 그 아이가 갑자기 식탁에 있던 냅킨으로 아빠의 입 언저리에 묻은 음식물을 닦아 주었다. 그것을 지켜보던 아이 엄마가 눈물을 글썽이며 목이 멘 채 이런 말을 했다. "신부님, 우린 저 아이에게 어떤 기대도 안 합니다. 하지만 저런 것 때문에 삽니다." 부모 속만 썩일 줄 알았던 아이가 가끔씩 부모의 사랑에 보답하는 작은 행동이 큰 힘이 된다는 말이다.

진정으로 우리에게 힘과 행복을 주는 것은 물량의 크기가 아니라 작고 일상적인 데에 있다는 것을 안다면 물질적 욕심이 많이 줄어들 것이다. 바로 이런 욕심의 제어에 인류의 미래가 걸려 있다고 해도 과언이 아니다. 왜냐하면 자원은 한정되어 있는데 서로 더 많이 가지려고 으르렁거리다 보면 싸움이 그칠 날이 없고 결국에는 파국이 올 가능성이 크기 때문이다. 이런 관점에서 스위스의 사회 윤리학자 아르투어 리히의 말은 귀담아 들을 가치가 있다. "우리는 '항상 더 많이'의 경제에서 '이제 충분하다'의 경제로 전환해야 한다." 물론 '이제 충분하다'의 경제로 돌아서는 것은 결코 쉬운 일이 아니다. 그것은 인간의 탐욕을 제어해야 하는 극도로 어려운 일이기 때문이다. 하지만 작은 데에 마음을 담아 큰 행복을 주는 삶의 방식을 다시 배우게 된다면 탐욕을 다스릴 수 있는 길이 불가능하지는 않을 것이다.

예수님은 '마음이 가난한 사람은 행복하다'(마태 5,3)고 말씀하셨다. 마음에 가득 찬 탐욕을 버릴 때 비로소 행복의 길이 열린다는 뜻이다. 작은 것을 통해서도 얼마든지 큰 행복을 맛볼 수 있다는 것을 깨닫고 탐욕으로 무거워진 마음의 무게를 줄여 나갔으면 좋겠다. 몸무게를 줄이면 육체적인 건강과 아름다움을 얻지만, 마음의 무게를 줄이면 진정한 행복을 얻게 된다. 몸으로든 마음으로든 덧셈보다는 뺄셈을 잘하는 이들이 많아지기를 기원해 본다.

● 〈서울신문〉 2006년 7월 29일

나의 천사들

우리가 인생의 가파른 오르막길을 걸을 때 자비로우신 하느님께서는 우리를 홀로 내버려 두지 않으신다. 필요할 때마다 천사를 보내 우리를 도와주신다. 그러면 천사란 과연 어떤 존재인가?

  가톨릭 교회는 오래전부터 육체를 지니지 않는 영적인 존재, 즉 천사의 존재를 인정해 왔다. 교회 교도권적 차원에서 처음으로 천사의 존재를 명시적으로 인정한 것은 1215년 제4차 라테란 공의회에서였다. 이 공의회의 결정문에 따르면, 하느님은 "태초에 단번에 무에서 영신계와 물질계, 곧 천사들과 세계를 창조하셨다. 그러고 나서 정신과 육체로 이루어져 두 요소를 다 지닌 인간을 창조하셨다." 이 선언은 1870년 제1차 바티칸 공의회에서 다시 한 번 확인된다. 1992년에 발간된《가톨릭 교회 교리서》는 두 공의회의 결정에 근거해서 천사의 존재는 신앙의 진리에 속한다고 가르친다. "성경이 보통으로 천사라고 부르는, 육체를 가지지 않은 영적인 것들의 존재는 신앙의 진리이다."(328항)

그러면 천사들은 왜 창조되었을까?《가톨릭 교회 교리서》는 이렇게 설명한다. "천사는 그 존재 전체가 하느님의 심부름꾼이며 전령이다."(329항) 하느님의 심부름꾼인 천사들은 "창조 때부터 구원 역사의 흐름을 따라, 줄곧 이 구원을 멀리서 또는 가까이에서 알리고, 이 구원 계획의 실현을 위하여 봉사하고 있다."(332항) 바로 이런 이유에서 가톨릭 교회는 천사들을 전례력 안에서 기억한다. 성경에 그 이름이 명시된 성 미카엘, 성 가브리엘, 성 라파엘 대천사 축일(9월 29일)과 수호천사 기념일(10월 2일)에 천사들을 공경하는 것이다.

하느님의 구원 계획은 인간을 구원하는 것을 목표로 한다. 따라서 하느님의 구원 계획의 실현에 봉사하기 위한 존재인 천사들은 결국 인간들이 구원에 이를 수 있도록 돕고 인도하는 존재라고 하겠다. "천사들은 모두 하느님을 시중드는 영으로서, 구원을 상속받게 될 이들에게 봉사하도록 파견되는 이들이 아닙니까?"(히브 1,14) 하느님은 인간이 구원 여정에서 홀로 힘겹게 고군분투하지 않도록 천사를 통해 도와주신다. 《가톨릭 교회 교리서》에 따르면, "사람은 일생 동안, 생명의 시작부터 죽음에 이르기까지 천사들의 보호와 전구로 도움을 받는다."(336항)

천사를 통한 하느님의 보호와 도움을 어떻게 체험할 수 있을까? 이에 대한 대답의 실마리를 히브리인들에게 보내는 서간에서 찾을 수 있다. 히브리인들에게 보내는 서간의 저자는 손님을 홀대하지 말라고 당부하면서 이렇게 말한다. "손님 접대를 하다가 어떤 이들은 모르는 사이에 천사를 접대하기도 하였습니다."(히브 13,2) 이 말은 아브라함이 자기 집에 들른 세 명의 길손을 융숭하게 대접하였는데, 그들은 사실상 하느님의 명을 받아 소돔과 고모라로 가던 천사들이었다는 것(창세 18-19장)을 암시한다. 아브라함에게 하느님의 천사가 나그네의 모습으로 나타났다는 것은 천사가 보통 인간의 모습으로 나타날 수 있다는 것을 뜻한다. 이런 점은 구약 성경이 전하는 토비아의 이야기에서도 확인된다.

구약 성경 토빗기(5-12장)에 의하면, 토비아는 불의의 사고로 눈이 멀게 된 아버지 토빗의 심부름으로 멀리 메디아로 길을 떠나게 된다. 토비아가 메디아로 가는 길을 모른다고 하자 아버지는 믿을 만한 사람을 구해서 함께 길을 떠나라고 당부한다. 토비아는 아버지가 일러 준 대로 목적지까지 함께 갈 사람을 구하였는데, 그 사람이 바로 라파엘 대천사였다. 하지만 토비아는 그가 하느님의 천사인 줄 몰랐다. 라파엘은 토비아의 길동무가 되어 그가 아버지의 심부름을 이행할 수 있도록 도움을 준다. 그뿐만 아니라 그 과정에서 아버지의 눈을 뜨게 할 치료약을 구하고, 친척 라구엘의 딸 사라에게서 귀신을 퇴치하여 그녀와 결혼까지 하도록 도와준다. 비로소 이 모든 일이 끝나 고향으로 돌아온 후에 라파엘 대천사는 자신의 정체를 밝힌다. 라파엘은 낯선 사람의 모습으로 토비아와 동행하면서 수호천사의 역할을 했던 것이다.

  인간의 모습으로 토비아와 동행하면서 그에게 보호와 도움을 아끼지 않은 라파엘 대천사의 이야기는 과거의 이야기로 끝나지 않고 오늘날에도 계속된다. 누군가 내 곁에 머물면서 필요한 보호와 도움을 준다면 그가 바로 라파엘 대천사이며 수호천사이다. 필자의 경우에는 어머니가 수호천사의 역할을 하셨다고 생각한다. 그렇게 생각하게 된 데에는 작은 사연 하나가 있다.

필자는 1992년 10월에 오랜 유학 생활을 마치고 신부 된 지 6년 만에 처음으로 서울 어느 본당에 주임 신부로 발령을 받았다. 서품을 받고서도 계속 유학 생활을 하는 통에 보좌 연한이 다 지나서 곧바로 본당 주임으로 나가게 된 것이다. 주임이 된 것은 좋지만, 본당 경험이 전혀 없는 상태에서 주임이 되니 배우고 익혀야 할 것이 많았다. 게다가 본당에 발령받은 지 6개월 정도 지나서 대신학교에 출강하게 되었다. 당시 어머니가 사제관에 계시면서 살림을 도와주셨는데, 어머니는 본당의 사목 업무와 신학교 강의 때문에 바쁘게 지내는 아들 신부를 늘 안쓰러운 마음으로 지켜보고 계셨다.

어느 날 본당 수녀원의 원장 수녀님이 이런 얘기를 들려주었다. 주일 오전에 우연히 사제관을 지나가다가 사제관 집무실의 창문이 열려 있어서 자연히 방 안으로 눈길을 돌리게 되었단다. 그런데 내 의자에 누가 앉아 있는데, 의자 등받이 위로 뒷머리만 보이더라는 것이었다. 마침 그 시간이 교중 미사 시간이어서 주임 신부는 미사 집전 중인데, 웬 낯선 사람이 주임 신부 방에 들어가 있는 것이 이상해서 자세히 보니 바로 나의 어머니셨던 것이다.

수녀님이 나중에 어머니에게 왜 그 시간에 아들 집무실에 들어가 계셨느냐고 물었더니, 이렇게 대답을 하셨단다. "아들 신부가 주일이라 바빠서 묵주 기도를 못 할 것 같아 아들 의자에 앉아서 대신 묵주 기도를 했어요." 그 얘기를 들으니 고마운 마음에 가슴이 뭉클하면서, 문득 '아, 어머니가 나의 수호천사시구나!' 하는 생각이 들었다. 나는 어머니의 기도 덕분에 사제가 되었고, 지금까지 사제로서 살아가고 있다고 확신한다. 사실 많은 성직자와 수도자들은 자신들의 어머니를 수호천사처럼 느끼고 있다고 해도 과언이 아닐 것이다.

어머니의 간절한 기도에는 막강한 힘이 있다. 모니카 성녀는 마니교라는 이단에 빠져 있는 아들 아우구스티노의 회개를 위하여 눈물의 기도를 꾸준히 바쳤다. 한번은 어느 학덕 높은 주교를 찾아가 아들을 한번 만나 설득해 달라고 눈물로써 통사정을 하였다. 이야기를 듣고 난 주교는 이렇게 대답했다. "그만 가 보시오. 잘되겠죠. 설마 그렇게도 눈물을 짜내는 자식이 죽을라고요." 그리고 실제로 이 말씀대로 얼마 후에 아우구스티노는 회개하여 가톨릭 교회의 역사에 길이 남을 위대한 성인이 되었다. 하느님은 당신이 늘 우리와 함께 계신다는 표징으로 어머니라는 수호천사를 보내셔서 우리를 도와주고 돌보아 주신다.

인간을 사랑하시는 하느님은 천사를 통해 우리를 보호해 주시고 도움을 베풀어 주시는데, 때로는 부모나 가족의 모습으로, 때로는 아주 낯선 사람의 모습으로 우리에게 다가온다. 이것을 뒤집어서 생각해 보면, 누구라도 다른 이에게 천사가 될 수 있다는 말이 된다. 사람들이 흔히 상상하듯이 어깨에 두 날개를 달고 흰옷을 입고 빛나는 모습으로 나타나야만 천사인 것이 아니다. 얼마든지 우리 주위의 사람들이 하느님의 천사가 될 수 있다. 살아가는 데 힘과 용기를 주는 사람이 바로 천사인 것이다.

독일의 재무부 장관이었던 바덴은 매사에 긍정적이고 주님께 감사하는 삶을 살면서 국가에 큰 공헌을 한 사람이다. 그가 이러한 삶을 살게 된 데에는 나름대로의 계기가 있었다. 젊은 시절 그가 고생을 심하게 하고 있을 때였다. 한번은 어느 지방에 여행을 갔다가 돈이 없어서 허름한 여관에서 여장을 풀게 되었다. 그런데 다음 날 일어나 보니 자신의 구두가 없어졌다.

바덴은 자기 같은 가난뱅이의 구두를 훔쳐 간 것에 너무 화가 나서 하느님을 크게 원망했다. 마침 그날은 주일이었기 때문에 안타까운 마음이 든 여관 주인이 창고에서 헌 신발을 꺼내 빌려 주며 함께 교회에 가자고 하였다. 마지못해 교회에 갔지만 남들이 바치는 기도와 찬송은 할 수가 없었다. 그러다 문득 옆에 앉아 있는 사람을 보고 깜짝 놀랐다. 두 다리가 없는 장애인이 하느님께 눈물을 흘리며 감사의 기도를 올리고 있었던 것이다.

이때 바덴은 다음과 같은 생각을 하게 된다. '저 사람은 신발을 잃어버린 정도가 아니라 두 다리를 전부 잃어버렸으니 신발이 있어도 신을 수 없는 처지가 아닌가? 그런데도 저렇게 눈물을 흘리며 감사를 드리고 있는데 나는 도대체 무엇하는 사람인가? 그까짓 신발이야 다시 사서 신으면 그만인 것을 괜히 그것 때문에 하느님까지 원망하며 이렇게 화를 내고 있었구나!' 그 뒤로 그는 어떤 일이 있어도 결코 하느님을 원망하지 않고 작은 일에도 늘 감사하며 살게 되었다고 한다.

조그만 난관에도 하느님에 대한 원망의 마음이 가득했던 바덴은 우연히 교회에서 본 장애인을 통해 생각이 바뀌게 되었다. 그 장애인이 바덴에게는 천사가 된 것이다. 하느님의 자비는 세상 끝 날까지 계속될 것이고, 따라서 그분 자비의 표징인 작은 천사들은 결코 사라지지 않을 것이다. 보통은 숨겨진 채로 있지만, 우리가 보려는 눈만 있다면 작은 천사들이 우리 주위에 아직도 많이 있다는 것을 알 수 있을 것이다. 또한 우리가 들을 귀가 있다면, 우리 각자가 지금, 여기에서 옆에 있는 이들에게 작은 천사가 되라는 하느님의 나지막한 부르심을 들을 수 있을 것이다.

● 《생활성서》 2004년 7월

인생의 가파른 오르막길을 걸을 때

　오래된 우리나라의 대중가요 〈하숙생〉은 인생을 나그넷길이라고 노래한다. "인생은 나그넷길, 어디서 왔다가 어디로 가는가." 한때 인기를 누렸던 그룹 god 또한 〈길〉이란 제목의 노래에서 인생을 길에 비유한다. "내가 가는 이 길이 어디로 가는지 어디로 날 데려가는지 그곳은 어딘지 알 수 없지만 알 수 없지만 알 수 없지만 오늘도 난 걸어가고 있네."
　그런데 우리의 인생길은 유감스럽게도 잘 닦인 평평한 도로도 아니고, 시원하게 쭉 뻗은 고속 도로도 아니다. 굽이굽이 굴곡이 많고 높낮이도 고르지 않은 울퉁불퉁한 산길에 가깝다.

게다가 그 길의 반 이상은 숨을 헐떡이고 땀을 흘리면서 힘들게 걸어 올라가야 하는 오르막길이다. 이렇게 인생길은 가파른 오르막이 많은 산길에 가깝지만, 그래도 간혹 목을 축일 수 있는 샘물이 있고, 땀을 식혀 주는 한 줄기 산들바람이 있기에, 또 길동무가 있기에 힘을 얻어서 그 길을 걸어갈 수 있다.

구약 성경 열왕기에 등장하는 엘리야 예언자는 자신의 인생길에서 힘겨운 고갯길을 넘어야 했다(1열왕 18,20-40). 그는 야훼 하느님에 대한 열성으로 가득 찬 사람이었다. 우상인 '바알' 신의 숭배를 조장하는 이스라엘의 아합 임금과 이제벨 왕비에 대항하여 카르멜 산에서 바알 숭배 예언자들과 홀로 대결을 벌인다. 엘리야는 하느님께 간청하여 제물로 바친 토막낸 황소 위에 불이 내려와 태워 버림으로써 야훼 하느님만이 이스라엘의 진정한 주님이심을 드러낸다. 그러고는 사백 명이나 되는 바알 예언자들을 모조리 처단한다.

하지만 이 사건으로 엘리야는 목숨의 위협을 받는다. 바알 예언자들의 후견인인 이제벨 왕비가 앙심을 품은 것이다. 왕비는 엘리야에게 심부름꾼을 보내어 죽여 버리겠다고 공언한다. "내가 내일 이맘때까지 그대의 목숨을 그들의 목숨과 한가지로 만들지 못한다면, 신들이 나에게 벌을 내리고 또 내릴 것이오."(1열왕 19,2) 엘리야는 두려움에 사로잡혀서 급히 이웃 나라 유다 땅으로 도망친다. 길을 가다가 지친 그는 광야에 있는 싸리나무 아래 주저앉아 모든 것을 체념한 듯 하느님께 자신의 목숨을 거두어 달라고 간청하다가 잠이 든다. 잠든 엘리야에게 천사가 나타나 엘리야를 흔들어 깨우면서 음식과 물을 주고 기운을 내라고 격려한다. 다시 한 번 똑같은 일이 반복되고 엘리야는 천사가 가져다준 음식을 먹고 힘을 얻어 사십 일을 밤낮으로 걸어 호렙 산에 이르러 하느님을 만나게 된다(1열왕 19,1-18).

우리 역시 살다 보면 갑자기 일이 크게 어그러져서, 혹은 병이나 사고 등 인생을 힘겹게 하는 일들을 만나 엘리야처럼 체념과 낙담의 무게에 짓눌려 주저앉을 때가 있다. 꼼짝할 힘도 없이 그저 그대로 모든 것이 끝났으면 좋겠다는 생각만이 머릿속에 가득한 채로 말이다. 이럴 때 누군가가 건네준 이해의 말 한마디, 따뜻한 눈길, 격려의 손길에 힘을 얻어 다시 일어서서 인생길을 계속 걸어간 적이 있을 것이다. 점점 더 세상이 각박하고 삭막해진다고 하지만, 그래도 삶의 무게에 눌려서 주저앉은 사람들에게 힘을 주는 말과 눈길, 손길을 건네는 이들이 아직도 우리 곁에는 많이 남아 있다.

어느 날 볼 일이 있어서 시내에 나갔는데 큰길에서 다투는 소리가 들리더니 부서지는 소리도 나고 한바탕 소란이 벌어졌다. 얼른 뛰어가서 사람들을 헤치고 들여다보았다. 단속반원들이 샌드위치를 파는 작은 포장마차를 뒤집어엎고 있었다. 계란이 깨지고 베지밀 병이 길바닥에 이리저리 굴러다녔다. 처음엔 사정도 하고 울부짖으며 매달려 보던 포장마차 아저씨는 모두 포기했는지 그저 명한 표정으로 땅만 쳐다보고 있었다. 그런데 갑자기 한 아주머니가 소리쳤다. "살아 보겠다고 하는데 그만 괴롭혀요!" 갑자기 큰소리에 놀랐는지 단속반 아저씨들의 손길이 좀 멈칫했다. 그때, 말쑥한 차림의 아저씨가 걸어 나오더니 길바닥에 뒹굴던 베지밀 세 병을 주워 들고 멍하니 서 있던 주인아저씨의 주머니에 지폐 몇 장을 밀어 넣고 가는 것이었다. 그리고 소리쳤던 아주머니가 우유를 집어 들고 주인아저씨에게 돈을 지불했다. 이번에는 아기를 업은 젊은 아줌마가 삶은 계란 몇 개를 줍고 돈을 냈다. 이후에는 줄을 지어서 사기 시작했다. 어떤 할아버지는 아저씨의 어깨를 한참 두드려 주다 가시기도 했다. 그래도 세상은 살아 볼 만한 것이 아닌가?

〈소금항아리〉, 《생활성서》 2002년 1월 호

나자렛의 여인 마리아 역시 인생의 가파른 오르막길을 걸었다(루카 1,26-38). 갈릴래아 지방의 한 시골 마을의 평범한 처녀인 마리아에게 어느 날 갑자기 하느님이 보낸 가브리엘 천사가 나타난다. 그러고는 '아들을 낳을 것이고, 그분은 지극히 높으신 하느님의 아들이라 불릴 것'이라는 엄청난 소식을 전해 준다. 그 순간 마리아는 몹시 당황해한다. 그리고 잠시 생각한 끝에 처녀의 몸인 자신에게 어떻게 그런 일이 가능하겠느냐고 묻는다. 그러자 천사는 성령의 힘으로 가능한 일이며, 아이를 낳지 못하는 여자라고 하던 마리아의 친척 엘리사벳의 예를 들면서 전능하신 하느님께는 불가능한 일이 없다고 대답한다. 이 대답을 듣고 마리아는 하느님의 뜻에 자신을 맡긴다. "저는 주님의 종입니다. 말씀하신 대로 저에게 이루어지기를 바랍니다."(루카 1,38)

이런 놀라운 일이 있은 지 며칠 지나서 마리아는 길을 떠나 유다 산골에 사는 엘리사벳을 찾아간다. 왜 마리아는 서둘러 엘리사벳을 찾았을까? 성경에 따르면 마리아는 결혼 적령기의 여인이고, 엘리사벳은 더 이상 아이를 낳을 수 없는 나이의 여인이었다. 그렇다면 마리아는 엘리사벳보다는 훨씬 젊었을 것이다. 마리아는 젊다 못해 어린 나이에 너무 엄청난 일을 당하게 되자 어쩔 줄 몰라 했을 것이다. 처녀로서 임신을 한다거나, 태어날 아이가 세상을 구원할 구세주라든가 하는 천사의 전갈은 젊은 나이의 여인이 감당하기에 너무 엄청난 내용의 말이었다. 어쩌면 마리아는 자신과 비슷한 일을 겪은, 나이 많은 친척 엘리사벳을 생각해 내고는 산골 마을까지 찾아가서 자신의 불안한 심경을 털어놓고 의견을 구하려 했던 것이 아닐까?

마리아는 엘리사벳에게 위로와 확신의 말을 듣는다. "당신은 여인들 가운데에서 가장 복되시며 당신 태중의 아기도 복되십니다. …… 행복하십니다, 주님께서 하신 말씀이 이루어지리라고 믿으신 분!"(루카 1,42.45) 마리아는 하느님의 뜻이 자신에게 이루어지기를 바란다고 대답했지만, 과연 제대로 대답한 것인지, 앞으로 일어날 일을 어떻게 감당할 것인지에 대한 불안감이 가득했을 것이다. 하지만 인생과 신앙에 대한 경륜이 있는 엘리사벳의 얘기를 들으면서 마리아는 그동안 가득했던 불안감을 털어 버리고 마음의 평화와 안정을 찾았다. 그렇기 때문에 마리아는 엘리사벳의 집에서 석 달가량 머물러 있었을지도 모른다.

우리 역시 살다 보면 이해할 수 없는 일을 만나 두려움, 불안감에 떨 때가 있다. 그럴 때 나와 비슷하거나 나보다 더 어려운 사연을 지닌 사람을 만나 어려움을 함께 나누면서 마음을 달래는 경우가 있다. 다음의 이야기처럼 말이다.

우리 동네 이장 김 씨는 참으로 가슴 무너질 사연을 품고 사는 분이다. 삼 년 전, 늦장가 들어 얻은 다섯 달 된 배 속 아이와 그토록 끔찍이 사랑해 마지않던 아내를 뺑소니차에 허망하게 빼앗기고 말았다. 이후 김 씨는 일 년 가까이 칩거로 일관해 왔다. 그러고는 무슨 일 있었냐는 듯 다시 들판에 나와 부지런히 땅을 파 댔다. 그렇게 다시 기운을 차린 김 씨는 그 존재 자체가 뭇사람들에게 위로가 되었고 희망이 되어 주었다. 동네에서 돌아오는 밤길에 나는 갑자기 불꽃이 일어나는 듯 가슴이 뜨거워졌다. 슬픔이 슬픔을 구원하는 것이로구나. 그런 깨달음이 그만 한정없이 가슴에 왔던 것이다.

〈소금항아리〉,《생활성서》 2000년 4월 호

루카 복음 24장 13절 이하에 언급된 엠마오로 가는 두 사람도 인생의 도상에서 가파른 오르막길을 걷고 있었다. 그들은 나자렛 사람 예수라는 분이 자기 민족이 오랫동안 고대하던 메시아라고 철석같이 믿어 왔는데, 그분이 너무도 허망하게 십자가에 못 박혀 돌아가시는 것을 보고 크나큰 실망과 좌절에 빠져 고향으로 돌아가는 길이었다. 그래도 미련이 남았던지 그들은 길을 가면서 한때 가슴 벅찼지만 이제는 깨어진 꿈과 희망에 대해 서로 이야기를 나누고 있었다.

이렇게 두 사람이 한참 길을 걷고 있을 때 나그네 한 사람이 그들 곁에 다가와서 무슨 이야기를 나누냐고 묻는다. 그러고는 그들이 고심하던 문제들에 대해 성경 말씀을 들어 차근차근 설명을 해 준다. 인생은 고통과는 떼어 놓을 수 없고 고통을 거쳐야 비로소 영광에 이를 수 있다고, 성경에 예언된 구세주도 결국 이런 길을 걸어야 했다고 하나하나 짚어 준다. 낯선 나그네의 설명을 들으면서 제자들은 깨달음으로 머리가 환해지고 가슴이 뜨거워지기 시작했는데, 어느덧 삼십 리 길을 다 와서 목적지 엠마오에 도착했다.

그 나그네가 계속해서 길을 갈 기미를 보이자 제자들은 아쉬움 속에 그를 붙잡는다. "저희와 함께 묵으십시오. 저녁때가 되어 가고 날도 이미 저물었습니다."(루카 24,29) 나그네는 그들의 청에 응낙해서 그들과 함께 머무르고, 그들은 그분과 함께 빵을 나눌 때 비로소 눈이 열려서 그분이 바로 부활하신 주님이심을 깨닫게 된다.

그러고는 길을 떠날 때의 실망과 좌절을 털어 버리고 기쁨에 가득 차서 다른 제자들에게 기쁜 소식을 전하기 위해서 고통을 안겨 주었던 도시 예루살렘으로 되돌아간다.

스승의 수난과 십자가 죽음을 이해할 수 없어 괴로워하는 두 제자들에게 부활하신 그리스도는 낯선 나그네의 모습으로 다가오셔서 깨달음의 말씀을 주신다. 이와 마찬가지로 우리 역시 인생의 도정 곳곳에서 뜻하지 않는 어려움과 고통을 당하면서 망연자실할 때가 있다. 너무 견디기 어려워 하느님께 수없이 '왜'라는 질문을 던지면서 그분을 원망하기도 한다. 그럴 때 누군가가 깨달음의 말씀을 준다면 주저앉은 몸을 다시 일으킬 수 있을 것이다. 정호승 시인은 〈가장 아름다운 꽃〉이란 제목의 이야기로 '왜'라는 질문에 답해 보려고 했다.

한 여인이 있었다. 그녀는 결혼한 지 일 년도 채 되지 않아 사랑하는 남편을 잃었다. 교통사고로 저세상 사람이 된 것이다. 정신이 없는 가운데 장례를 치렀다. 많은 사람들이 위로의 말을 건네며 남편의 죽음을 기정사실화했으나 인정할 수가 없었다. 오는 여름휴가 때 첫아들을 안고 고향 마을 바닷가를 찾자고 하던 남편의 말만 떠올랐다.

그녀는 임신 중이었다. 도대체 하느님을 이해할 수 없었다. 정말 원망스러웠다. 가난했지만 착한 마음으로 열심히 세상을 살려고 하던 남편이었다. 다니던 성당에 발길을 뚝 끊었다. 그리고 고통 가운데 해산을 했다. 남편이 바라던 대로 아들이었다. 그녀는 아들을 안고 남편의 고향을 찾았다. 동해가 보이는 고향 마을 산자락에 남편은 잠들어 있었다. 그녀는 포대기를 열어 남편이 잠든 무덤을 아기에게 보여 주었다. 푸른 파도 소리가 끊이지 않았다.

그녀는 남편을 일찍 데려간 하느님이 원망스러웠다. 아들을 얻은 기쁨보다 남편을 잃은 슬픔이 더욱 컸다. 그동안 하느님을 믿고 의지하며 살아온 날들이 더 허망스러웠다.

"오늘은 일요일인데 왜 성당에 가지 않느냐?"

산에서 내려오자 시아버지는 그녀를 불렀다. 정이 넘치는, 햇살 같은 따스한 음성이었다.

"나가기 싫어서요, 아버님."

"왜?"

"그이를 일찍 데려간 하느님이 원망스러워요."

"이렇게 어여쁜 아들을 줬는데도?"

"그래도 그래요."

"아마, 그 애는 그렇게 생각하지 않을 게다."

시아버지가 한참 그녀를 쳐다보다가 그녀를 마당 앞 꽃밭으로 데리고 갔다. 신혼여행을 다녀와 남편과 함께 기념사진을 찍었던 꽃밭이었다. 꽃밭에는 장미와 달리아, 채송화와 도라지꽃이 활짝 피어 있었다.

"여기에서 네가 꺾고 싶은 꽃을 하나 꺾어 보거라."

시아버지가 그녀에게 무겁게 입을 열었다.

그녀는 가장 아름답게 핀 붉은 장미 한 송이를 꺾어 손에 들었다. 그러자 시아버지는 빙긋 미소를 띠면서 입을 열었다.

"그것 봐라. 내 그럴 줄 알았다. 우리가 정원의 꽃 중에서 가장 아름다운 꽃을 꺾어 꽃병에 꽂듯이 하느님도 가장 아름다운 인간을 꺾어 천국을 장식하신다. 얘야, 이제는 너무 슬퍼하지 말아라."

가톨릭문우회 엮음, 《가장 아름다운 꽃》

우리의 인생길은 험하고 가파른 산길에 견줄 수 있다. 그 길을 걸으며 힘들고 두렵고 불안할 때도 많지만, 이런 모든 것을 극복할 수 있도록 도와주는 누군가가 있기에 인생은 살 만한 가치가 있다. 낙담과 체념 속에 주저앉은 엘리야가 먹고 힘내도록 음식과 물을 전해 준 천사, 두려움과 불안에 떨던 어린 처녀 마리아를 안심시켜 주었던 엘리사벳과 같은 사람이 인생길 고비고비에 있기에 우리는 희망을 갖고 살아갈 수 있다. 또한 깨진 꿈을 안고 절망에 잠겨서 엠마오로 돌아가던 두 제자들에게 깨우침의 말씀으로 힘과 용기를 갖도록 해 주신 분이 계시기에 우리는 주저앉았다가도 다시 일어서서 길을 갈 수 있다.

엠마오로 가던 두 제자의 이야기는 인생길에서 지친 우리에게 힘을 주는 분이 다름 아닌 예수 그리스도이시라는 것을 말해 준다. 그분은 가족이나 친지의 모습으로, 때로는 낯선 사람의 모습으로 내게 다가오셔서 손을 잡아 일으키고 어깨를 두드려 주며 계속 길을 가라고 격려해 주신다. 예수님은 무엇보다도 성경 말씀을 통해 깨우침을 주신다. 아울러 성체성사라는 영적 양식과 음료로써 힘을 북돋아 주신다. 비록 우리의 인생길이 굽은 길, 험한 길, 가파른 순례의 길이라지만, 우리보다 앞서 이 길을 가신 분, "내가 세상 끝 날까지 언제나 너희와 함께 있겠다."(마태 28,20)라고 말씀하신 그분이 우리의 길동무가 되시기에 우리는 희망을 갖고 그 길을 갈 수 있다.

● 《성서와 함께》 2002년 4월

시련의 먹구름으로 캄캄할 때

인생길은 평탄하지 않고 울퉁불퉁하다. 가끔씩 고통과 시련의 먹구름이 우리를 힘들게 한다. 신앙의 길도 마찬가지다. 악한 세력이 우리를 하느님에게서 멀어지게 하려고 호시탐탐 기회를 노린다. 그래서 베드로의 첫째 서간의 저자는 우리에게 이렇게 경고한다. "정신을 차리고 깨어 있도록 하십시오. 여러분의 적대자 악마가 으르렁거리는 사자처럼 누구를 삼킬까 하고 찾아 돌아다닙니다."(1베드 5,8) 이렇게 성경은 악의 세력이 집요하게 우리를 노린다고 경고하면서 어떤 특성을 지녔는지도 알려 준다.

우선 창세기 3장을 보면 낙원에서 뱀이 하와를 유혹하는 장면이 나온다. 하느님은 아담과 하와를 낙원에 살게 하시면서 거기에 있는 모든 과실은 다 먹어도 좋지만 지선악과知善惡果만 따 먹지 말라고 하셨다. 그런데 뱀은 이 말을 왜곡한다. 하와에게 은근히 다가가서 "하느님이 너희더러 이 동산에 있는 나무 열매는 하나도 따 먹지 말라고 하셨다는데 그것이 정말이냐?"라고 묻는다. 하와가 가련하고 딱한 처지에 놓인 것처럼 말을 건네는 것이다. 뱀의 말처럼, 먹음직한 열매가 주위에 널려 있는데도 하나도 따 먹지 못한다면 정말 가련한 신세가 아닐 수 없다. 이렇게 뱀은 하와가 처한 상황을 의도적으로 왜곡하여 하와를 염려해 주는 척 관심을 끌며 접근하고, 결국 잘못에 빠지게 만든다. 이렇게 악은 항상 진실을 왜곡하면서 사람들이 주목하도록 만든다. 사람을 생각해 주는 척 다가오면서 교묘한 거짓을 이용하여 인간을 잘못된 길로 유도한다.

탈출기 1장에 보면 악의 또 다른 면모가 드러난다. 이집트의 임금 파라오는 자기 나라에 와 있는 이스라엘 백성의 수가 불어나자 안보의 위협을 느껴 그들에 대해 억압 정책을 쓴다. 그들을 강제 노역에 내몰아 혹사시켜서 인구가 서서히 줄어들기를 기대한다. 하지만 뜻대로 되지 않자 파라오는 이스라엘의 산파들을 불러다가 은밀히 명한다. 아이를 낳는 것을 도와주다가 사내아이면 그 자리에서 즉시 죽여 사산死産이라고 둘러 대고, 여자아이면 살려 두라고 명한다. 그러나 산파들은 '하느님을 경외하는 마음에서' 파라오가 시키는 대로 하지 않는다. 파라오는 자신의 계책이 실패로 돌아간 것을 알고는 공개적인 탄압 정책으로 돌아선다. 이스라엘인의 사내아이는 모두 죽이라는 명을 온 백성에게 내린 것이다. 은밀한 술수가 통하지 않자, '어명'이라는 이름으로 강제 조치가 시행된 것이다. 이렇게 악의 세력은 처음에는 숨어서 은밀히 움직이다가 여의치 않으면 본색을 드러내어 폭력적으로 행동하면서 사람을 해친다.

악의 세력은 세상의 구원자로 오신 예수님의 활동을 집요하게 방해한다. 공관 복음에서는 악마가 등장하여 유혹하는 반면, 요한 복음에서는 악마가 아니라 사람들이 직접 유혹한다 (요한 6,15; 7,3-4).

악의 세력은 예수님 수난의 시간에 더욱 기승을 부린다. 예수님이 친히 선택하여 가르치신 열두 사도들 가운데 유다 이스카리옷은 악의 유혹에 넘어가서 스승을 반대자들에게 팔아

넘긴다. 예수님은 유다 지도자들에게 체포되어 로마 총독 빌라도에 넘겨진다. 유다인들에게는 사람을 죽일 수 있는 권한이 없기에 자신들을 통치하는 로마 총독에게 예수님을 넘긴 것이다. 유다 지도자들은 평소에는 자신들을 지배하는 로마인들을 극도로 증오하였다. 그러나 자신들의 뜻을 이루기 위해서는 적대자들의 힘을 빌리는 것도 마다하지 않았다. 빌라도가 예수님에게 죄가 없다는 것을 알고 예수님을 풀어 주려고 하자, 유다 지도자들은 백성을 선동하여 폭도인 바라빠를 놓아 주고 예수님을 십자가에 못 박으라고 떼쓰게 한다. 빌라도는 흥분한 군중의 떼쓰기에 밀려서 결국 예수님을 죽이라고 내어 준다(마르 15,6-15). 이렇게 악은 군중 심리를 이용한다. 달리 표현하면, 악은 익명의 집단이나 무리 속에서 자라난다.

예수님은 십자가에 못 박혀서 엄청난 고통을 당하신다. 그런데 이스라엘 백성의 지도자들은 그런 예수님을 보면서 빈정거리며 조롱한다. "남은 살리면서 자기는 살리지 못하는구나! 어디 이스라엘의 임금 그리스도가 지금 십자가에서 내려와 보시지. 그렇게만 한다면 우린들 안 믿을 수가 있겠어?"(마르 15,31-32 참조) 평소에 철천지원수처럼 미워하고 적대시하던 사람이라도 그가 죽을 지경에 이르면 더 이상 비난하지 않는 것이 인간의 예의고, 그에 대해 한 가닥 동정심을 갖는 것이 인지상정이다. 하지만 하느님에 대한 열성에 가득 차서 경건하게 산다고 자부하는 대사제들과 율법 학자들에게서는 이런 것을 찾아볼 수 없었다. 자신들과 생각을 달리하는 예수님의 죽음을 고소하게 여기면서 마지막까지 모욕과 조롱을 멈추지 않았던 것이다. 악은 사상과 신념을 빌미로 다른 이에게, 설사 그가 비참한 처지에 있더라도, 비난을 멈추지 않을 정도로 무자비하다. 이렇게 악의 세력은 작은 연민의 마음도 없이 증오심을 갖고 무자비하게 말하고 행동한다.

요한 묵시록에는 미카엘 대천사와 사탄과의 전투에 대한 이야기가 나온다. 사탄이 미카엘 대천사에게 패배하여 하늘에서 땅으로 추락하자 하늘에서 큰 목소리가 들려왔다. "우리 형제들을 고발하던 자, 하느님 앞에서 밤낮으로 그들을 고발하던 그자가 내쫓겼다."(묵시 12,10) 여기서 악의 세력은 다른 사람을 끊임없이 헐뜯고 비방한다는 것이 드러난다. 사탄은 '파멸로 이르게 하는 힘'을 지녔다. 악의 힘은 사람들로 하여금 일치보다는 분열을 조장하고, 긍정적인 면보다는 부정적인 측면을 주목하게 하면서 끊임없이 비방하고 욕하게 만든다. 욥기에서도 사탄은 밤낮없이 인간을 헐뜯는 고발자의 모습으로 나타난다.

요한 복음에서 예수님은 장차 제자들이 어떤 어려움에 처할지에 대해 알려 주신다. "너희를 죽이는 자마다 하느님께 봉사한다고 생각할 때가 온다."(요한 16,2) 악의 세력은 사람들을 현혹시켜서 그들이 살인과 폭행을 저지르면서도 자신이 하느님을 섬긴다고 착각하도록 만든다. 과거 교회 역사에 있었던 십자군 운동이나 마녀 사냥이 이런 사실을 입증해 준다. 이런 일은 요즘에도 일어난다. 우상을 타파한다는 미명하에 타 종교인들을 모독하는 행동을 하거나 종교적 상징물을 훼손하는 경우가 바로 그것이다. 이렇게 악의 세력은 사람들로 하여금 하느님의 뜻에 어긋나는 악행을 저지르면서도 의로운 일을 하고 있다고 확신하도록 현혹시킨다. 그래서 바오로 사도는 "사탄의 일꾼들이 의로움의 일꾼처럼 위장한다."(2코린 11,15)라고 경고하였던 것이다.

악은 우리 삶의 구석구석에서 교묘하게 활동하고 있다. 악이 즐겨 활동하는 장소 중의 하나가 인터넷이다. 물론 인터넷에는 긍정적인 면도 많지만, 부정적인 면도 있다. 특히 악성 댓글, 이른바 '악플'은 무고한 사람에게 큰 피해를 주어서 심하면 자살에까지 이르게 한다. 악플 현상을 주의 깊게 살펴보면 거기서 악의 속성이 잘 드러난다는 것을 알 수 있다. 악플을 다는 사람들은 진실을 왜곡하고 거짓을 확대 전파하고, 익명으로 숨어서 활동하며, 집단적으로 움직인다. 게다가 악플을 다는 사람들은 자신의 마음에 안 드는 사람이 고통을 당할 경우에는 동정심을 갖기는커녕 증오심을 갖고 계속해서 폭력적인 언어로 인신공격, 조롱과 비난, 거짓 소문을 퍼뜨린다. 적지 않은 경우 무리를 지어서 행동한다. 이른바 '카더라' 통신(~하더라'의 경상도 사투리에서 나온 말로 정확한 근거가 부족한 소문을 사실처럼 전달하거나 의도적으로 퍼트리기 위한 행위를 의미)을 매개로 해서 말이다. 확인도 안 된 소문을 트위터, 페이스북, 메신저 등으로 여기저기 뿌린다. 더 심각한 것은 사람을 해치는 행동을 서슴없이 저지르면서도 자신이 올바른 일을 하고 있다고 착각하는 점이다. '건전한 비판', '알 권리', '언론의 자유'를 위해 그렇게 한다는 것이다. 악의 세력은 사람을 현혹시켜서 불의를 정의라고 착각하도록 만든다. 이렇게 악의 세력은 교활하게 행동하기 때문에 그 실체를 파악하기 위해서는 날카로운 식별이 요구된다.

악의 세력이 다른 사람들 안에만 있다고 생각해서는 안 된다. 악은 나도 모르는 사이에 내게 들어와서 은밀하게 뿌리를 내리면서도 눈치를 못 채게 할 만큼 교묘하게 자신을 숨긴다.

우리가 의식적으로 하느님의 빛 안에 우리 자신을 내어 놓는 시간을 자주 가질 때 비로소 악은 그 모습이 드러난다. 어두운 방에서는 먼지가 잘 보이지 않지만, 햇살이 비치면 그 먼지가 잘 보이는 것과 같은 이치다. 동시에 이렇게 악이 하느님의 빛 안에서 드러나게 되면서 악의 극복이 시작된다. 마치 음지에서 자라는 곰팡이가 햇볕에 드러나면 소멸하듯이 말이다. 신앙인들이 꾸준히 기도하면서 하느님 앞에 머물러야 하는 이유가 바로 여기에 있다.

악의 뿌리는 생각보다 깊고, 악의 손길은 생각보다 교묘하다. 기도를 통해 늘 그분의 빛 안에 머물면서 그분의 말씀을 마음에 새길 때 비로소 악의 손아귀에서 벗어날 수 있다. 예수님이 가르쳐 주신 '주님의 기도'에 다음과 같은 청원이 들어 있는 것은 결코 우연이 아니다. "저희를 유혹에 빠지지 않게 하시고 악에서 구하소서. 아멘."

유혹으로 마음이 흔들릴 때

　모세의 영도하에 이집트를 탈출한 이스라엘 백성은 약속의 땅 가나안에 들어가기 전에 사십 년간 광야 생활을 하면서 준비하였다. 예수님도 당신의 사명을 본격적으로 수행하시기 전에 준비의 시간을 가지셨다. 예수님은 요한에게 세례를 받으신 후 성령의 인도를 받아 광야로 가시어 사십 일간 머무르신다. 광야는 먹고 마실 것이 부족하고 생존의 위협을 받는 곳이다. 그렇기 때문에 유혹의 목소리가 들려와 자칫하면 하느님에 대한 믿음이 흔들릴 수 있는 곳이기도 하다.
　마태오 복음(4,1-11)과 루카 복음(4,1-13)은 예수님이 광야에서 어떻게 유혹을 받으셨는지에 대해 비교적 상세하게 설명한다. 두 복음서 모두 사탄이 세 번에 걸쳐 예수님을 유혹했다고 전하는데, 단지 유혹의 순서만 다를 뿐이다. 이 세 가지 유혹은 앞으로 전개될 예수님의 공생활과 관련된 것이라고 할 수 있다.

　마태오 복음에 따르면 사탄은 우선 예수님께 돌을 빵으로 바꿔 보라고 요구한다. 이는 빵으로 대표되는 물질과 돈의 힘으로 백성의 마음을 얻으라는 유혹이다. 과거에 모세의 인도에 따라 이스라엘 백성이 광야 생활을 할 때 하느님은 그들에게 빵과 만나를 내려 주시지 않았던가? 하느님의 아드님이라면 마땅히 허기진 백성을 배불리 먹여야 하고 그들의 삶을 풍요롭게 해 주어야 하지 않을까? 동서양을 막론하고 통치자들은 백성들이 빵을 배불리 먹으면 성공한 것이라 여기지 않았던가? 실제로 예수님이 빵 다섯 개와 물고기 두 마리로 오천 명을 먹이신 기적이 일어난 직후 군중은 예수님을 억지로라도 모셔다가 임금으로 삼으려 했다(요한 6,15).

　이어서 악마는 성경의 말씀, 곧 시편 91편 11절에서 12절의 말씀을 인용해 가면서 하느님께서 천사들을 시켜 보호해 주실 테니 성전 꼭대기에서 뛰어내리라고 요구한다. 하느님의 기적에 힘입어서 자신의 정당성을 공개적으로 입증하여 백성의 마음을 사로잡으라는 유혹이다. 카르멜 산에서 바알 예언자들과 대결을 벌였던 엘리야 예언자는 주님께 청하여 하늘에서 불을 내려오게 함으로써 야훼가 진정한 하느님이시며, 자신은 그분의 참된 예언자라는 것을 입증하지 않았던가?(1열왕 18,20-40) 엘리야처럼 하느님의 아드님도 하늘에 기적을 청하여 자신의 정당성을 입증해야 하지 않을까?

마지막으로 악마는 자신에게 엎드려 절하면 세상과 세상의 모든 권세와 영광을 주겠다고 약속한다. 세상의 권력과 영화로 백성의 마음을 휘어잡으라는 유혹이다. 강력한 권력을 갖고 부귀영화를 누리는 이에게는 사람들이 몰려오게 마련이다. 지난날 다윗과 솔로몬이 거대한 왕국을 수립하고 강력한 군사력을 지니고 경제적 번영을 이룩하여서 다른 백성들의 부러움을 사지 않았던가? 다윗의 후손인 예수님이 메시아라면 마땅히 그런 권세와 영화를 지녀야 하지 않을까?

악마의 유혹은 교묘하다. 악마는 직접적이며 노골적으로 악을 행하라고 하지 않는다. 그럴 듯한 논리로, 합리적이며 효과적으로 보이는 방법을 선택하라고 제안한다. 그런데 그 제안은 당장에 필요한 것들 때문에 하느님을 덜 중요하게 여겨서 옆으로 제쳐 놓거나 혹은 도구처럼 이용하도록 은근히 유혹한다. 이미 첫째 유혹에서 그런 점이 분명하게 나타난다. '사람은 먹어야 살 수 있고 그러므로 빵은 중요하지 않느냐?' 매우 합리적인 말이다. 하지만 빵에 초점을 맞추다 보면 자칫 빵이 절대화되고, 빵이 모든 것을 해결한다는 생각, 정신적 가치를 무시한 경제 제일주의에 빠지기 쉽다. 이는 하느님보다 빵을, 돈과 재물을 우위에 놓는 그릇된 태도다. 예수님은 신명기 8장 3절의 말씀을 인용하여 빵을 하느님 자리에 놓으려는 유혹에 이렇게 대응하신다. "사람은 빵만으로 살지 않고 하느님의 입에서 나오는 모든 말씀으로 산다."(마태 4,4)

둘째 유혹도 그럴 듯하게 들린다. 하느님은 전능하신 분으로서, 필요하면 당신의 놀라운 능력을 보여 주신다. 하느님은 예수님이 당신의 아들이라는 것을 놀라운 방식으로 사람들 앞에서 증명해 주셔야 하지 않을까? 그래야 변덕스러운 군중의 마음을 확실하게 잡을 수 있지 않을까? 하지만 자신의 명예를 지키고 이익을 도모하기 위해서 하느님께 기적을 요구하는 것이야말로 큰 유혹이다. 이는 하느님의 일꾼이 되어 그분의 뜻을 따르는 것이 아니라 거꾸로 하느님을 나의 일꾼으로 삼아 내 뜻과 내 욕망을 채우려는 잘못이요 불신앙적인 태도다. 예수님은 하느님을 자기 명예와 욕심의 도구로 삼으려는 유혹에 대해 신명기 6장 16절의 말씀을 인용하여 대처하신다. "주 너의 하느님을 시험하지 마라."(마태 4,7) 실제로 예수님은 공생활 중에 표징을 보여 달라는 집요한 요구를 물리치셨는가 하면(마태 12,38-39; 16,1), 체포되시는 순간에도 천사들의 보호를 청하지 않으셨고(마태 26,53-54), 마지막 순간에는 '하느님의 아들이거든 십자가에서 내려와 보라'는 조롱을 듣고서도(마태 27,40) 무력한 모습으로 죽음을 맞이하셨다.

마지막 유혹도 매우 현실성 있게 들린다. 하느님의 백성을 다스릴 메시아라면 막강한 권력과 영화를 갖추어야 하지 않을까? 눈에 보이지 않는 하느님에 대한 신앙에 근거하여 사랑, 자비, 용서만을 내세워서 백성을 불러 모으고 결속시킬 수 있을까? 신앙만으로는 너무 무력하지 않은가? 세상의 지배자들처럼 강력한 군사력과 영화를 갖추어야 비로소 신앙과 신앙인의 공동체를 지켜 낼 수 있지 않을까? 실제로 과거 교회 역사에서는 신앙의 무력함을 세속적 수단과 권력을 통해 확고하게 보호하려는 시도가 있었다. 하지만 예수님의 세속적 무력함을 정치 군사적 힘으로 보완하려는 시도 속에서 신앙은 변질되고 질식될 위험에 처하고는 했다. 하느님보다는 세속 권력과 영화에 기대려는 유혹은 반드시 큰 폐해를 낳게 마련이다. 예수님은 이런 심각한 유혹을 '사탄아, 물러가라'는 말씀으로 단호하게 물리치신다. 그러고는 신명기 6장 13절의 말씀을 인용하여 분명하게 선을 그으신다. "주 너의 하느님께 경배하고 그분만을 섬겨라."(마태 4,10)

예수님은 악마와 싸워 이기셨다. 경제만 잘 돌아가면 만사형통이라는 허황된 미래의 약속을 거부하셨고, 자신의 명예와 이익을 위해 하느님마저 도구로 이용하려는 유혹을 물리치셨으며, 세상의 권력으로 하느님의 나라를 이룩하려는 유혹을 극복하셨다. 예수님은 하느님만이 세상의 참된 주님이시고, 인간에게 진정으로 선과 행복을 보장해 주시는 분이라고 증거하신 것이다.

이렇게 하느님이 진정한 주님이 되시는 곳에는 죄의 결과인 분열이 극복되어 참된 평화가 도래한다. 마르코 복음은 이런 사실을 예수님이 광야에서 "들짐승들과 함께 지내셨는데 천사들이 그분의 시중을 들었다."(1,13)라는 말로 표현한다. 이 표현은 이사야가 메시아의 시대를 예언하면서 말했던 평화를 암시한다. "늑대가 새끼 양과 함께 살고 표범이 새끼 염소와 함께 지내리라."(이사 11,6) 하느님이 참된 주인이 되시는 곳에 진정한 평화가 도래하는데, 예수님은 이런 평화를 주시기 위해 세상에 오셨다.

　예수님은 악마의 유혹을 모두 물리치시는데, 성경에 기록된 하느님 말씀에 의지하여 그렇게 하셨다. 예수님은 아버지 하느님을 향한 일편단심으로 악마의 집요한 유혹을 이겨 내신 것이다. 인간 사회에서도 일편단심으로 충절을 지킨 사람을 오래오래 기억하고 존경한다. 예컨대 고려 말의 충신 정몽주가 그런 인물이다. 고려 왕조를 뒤엎고 이씨 조선을 창건하려는 야심을 품은 이방원은 정몽주를 회유하려고 시조 한 수를 들려주면서 마음을 떠본다. "이런들 어떠하며 저런들 어떠하리. 만수산 드렁칡이 얽혀진들 어떠하리. 우리도 이같이 얽혀져 백 년까지 누리리라." 칡넝쿨처럼 우리도 서로 얽혀서 옛 왕조, 새 왕조 따지지 말고 오래오래 부귀영화를 누리자고 넌지시 회유를 하는 것이다. 이에 대해 정몽주 역시 시조를 지어 변절하지 않겠다는 뜻을 밝힌다. "이 몸이 죽고 죽어 일백 번 고쳐 죽어 백골이 진토 되어 넋이라도 있고 없고 임 향한 일편단심이야 가실 줄이 있으랴." 결국 정몽주는 이런 충절 때문에 목숨을 잃었지만, 그의 충절은 세월이 흘러도 잊히지 않는다.

　한국 천주교회 초기의 순교자들은 온갖 유혹과 고초를 겪으면서도 '임 향한 일편단심'을 버리지 않은 이들이다. 오늘을 사는 그리스도인들도 '임 향한 일편단심'을 지켜야 한다. 세례성사로 시작된 신앙의 여정 곳곳에서 하느님보다는 재물과 권력에 더 의지하려는 유혹, 자신의 명예와 이익을 위해서 하느님까지도 마음대로 이용하려는 유혹에 시달리게 된다. 하지만 예수님처럼 우리 역시 오로지 하느님께 굳은 신뢰를 갖고 그분 말씀에 의지할 때 교묘하고 끈질긴 유혹의 목소리를 떨쳐 버릴 수 있다.

우리가 이런저런 유혹 때문에 괴로움을 당할 때마다 하느님의 아드님인 예수님도 우리에 앞서 유혹을 받으셨다는 점을 기억해야 한다. "우리에게는 우리의 연약함을 동정하지 못하는 대사제가 아니라, 모든 면에서 우리와 똑같이 유혹을 받으신, 그러나 죄는 짓지 않으신 대사제가 계십니다."(히브 4,15) 하느님의 아드님이신 예수님조차 유혹에서 자유로울 수 없었다면, 우리가 유혹에 시달리는 것은 어쩌면 당연한 일이다.

유혹 앞에서 너무 불안해하며 떨지 말고 예수님이 그러셨던 것처럼 하느님 말씀을 방패로 삼아서 유혹을 이겨 나가야 한다. 나무가 온갖 풍상에 시달리면서 뿌리가 땅속 깊이 뻗어 내리고 줄기가 튼튼해지듯이, 신앙인도 유혹과 시련을 겪으면서 신앙이 깊어지고 견고해진다는 사실을 잊지 않으면 좋겠다.

히브리인들에게 보낸 서간의 저자는 우리가 유혹과 시련 앞에서 어떤 마음 자세를 가져야 하는지를 가르쳐 준다. "여러분의 시련을 훈육으로 여겨 견디어 내십시오. 하느님께서는 여러분을 자녀로 대하십니다. 아버지에게서 훈육을 받지 않는 아들이 어디 있습니까? 모든 자녀가 다 받는 훈육을 받지 않는다면, 여러분은 사생아지 자녀가 아닙니다. …… 그분께서는 우리에게 유익하도록 훈육하시어 우리가 당신의 거룩함에 동참할 수 있게 해 주십니다."(히브 12,7-8.10)

세상살이에서 유혹을 피해갈 수는 없지만, 유혹을 받는 중에도 우리는 혼자가 아니라는 것을 잊지 말아야 한다. 우리의 주님이신 예수님 스스로 유혹을 받으셨기 때문에 유혹을 당하여 힘겨워하는 우리를 누구보다도 잘 이해하고 도와주실 것이다. "그분께서는 고난을 겪으시면서 유혹을 받으셨기 때문에, 유혹을 받는 이들을 도와주실 수가 있습니다."(히브 2,18)

우리가 예수님께 의지하면 할수록 그분과 함께, 그분의 도움으로 유혹을 이겨 나가면서 세상에 진정한 평화를 전파할 수 있을 것이다.

제 2 부

이 세상에서
별처럼 빛나십시오

어둠을 탓하기보다
스스로 작은 빛이 되어라!

　　교회는 종말에 완성될 하느님의 나라를 향해 순례하는 신자들의 공동체다. 교회 안에는 그리스도께서 현존하시면서 순례하는 당신의 백성을 도와주신다. 교회 공동체에 속한 신자들은 자신이 하느님의 자녀로 부르심을 받았다는 것을 기억하면서 하느님의 뜻을 따르는 새로운 삶을 살기 위해 지속적으로 노력해야 한다. 그런 가운데 교회는 예수님이 말씀하신 대로 세상의 '빛과 소금'(마태 5,13-16)이 될 것이다. 하지만 이런 노력에도 교회는 아직 순례의 여정에 있기 때문에 그 안에는 인간적인 약점과 죄스러운 모습이 완전히 사라지지 않고 있다. 때로는 이것이 신앙의 걸림돌이 되기도 한다.

베네딕토 16세 교황도 이런 문제를 잘 알고 있었다. 교황은 추기경 시절에 독일의 한 언론인과 행한 대담에서 이 문제에 대해 분명하게 언급한다. 그는 가톨릭 교회 안에서 저질러진 죄와 잘못을 솔직하게 인정한다. 하지만 이런 어두운 면을 비난하기보다는 교회에 대한 '역설적인 신뢰'를 보여 준다.

중세 때 교황청에 여행을 갔다가 가톨릭 신자가 되고 만 유다인 이야기를 아실 거라고 생각합니다. 그가 돌아오자 교황청을 잘 알고 있던 어떤 식자가 그에게 이렇게 물었다지요. "거기에서 어떤 일이 벌어지고 있는지 제대로 알고는 있는 건가?" 그러자 그 유다인은 "그래, 물론 스캔들과 같은 일들을 모두 알고 있다네. 그 모든 것을 직접 보았으니까."라고 대답했습니다. "그런데도 가톨릭 신자가 되었다는 말인가? 그야말로 그건 완전히 정신 나간 짓일세!"라는 식자의 말에 그 사람은 이렇게 말했습니다. "바로 그렇기 때문에 가톨릭 신자가 된 것이네. 그런 상황에서도 교회가 계속해서 존속해 왔다면 그야말로 다른 누군가가 교회를 지탱하고 있다는 이야기가 될 수밖에 없으니까 말일세." …… 제가 보기로 이러한 역설 속에서 무언가 매우 중요한 것이 드러난다고 하겠습니다. 사실 가톨릭 교회 안에 인간적 무능함과 약점이 없던 적은 한 번도 없었습니다. 그런데도 가톨릭 교회는, 물론 한숨과 신음 소리가 없지는 않지만, 아직까지 존속하고 있으며, 끊임없이 위대한 순교자를 배출해 냈고, 위대한 신앙인, 선교사, 또 간호사, 교육자가 되어 교회를 위해 목숨을 바치는 사람들을 배출해 냈습니다. 그런 점이 이 교회를 지탱하는 다른 어떤 존재가 정말로 있음을 말해 주지요.

요셉 라칭거 · 페터 제발트, 《하느님과 세상》

교황이 지적한 대로 가톨릭 교회 안에는 '인간적 무능함과 약점'이 늘 있어 왔다. 이미 열두 사도에게서 그런 점이 발견된다. 예수님이 뽑으신 열두 사도 중에서 으뜸이며 교회의 수장이 된 베드로는 스승을 세 번이나 배반했다(마르 14,66-72). 유다 이스카리옷은 스승을 팔아넘기기까지 했다(마르 14,10-11). 초대 교회에서는 신자들이 한마음 한뜻이 되어 재산도 공유하는 공동체를 이루었지만, 그런 중에도 하나니아스와 사피라 부부는 자기 재산의 일부를 숨기려다 벌을 받아 죽는다(사도 5,1-11). 어쩌면 이런 사실은, 교회가 마지막 날까지 어둠과 죄를 피해갈 수 없다는 점을 암시해 주는 것 같다. 하지만 교황의 말씀처럼 교회는 자신 안에 있는 어둠과 죄에도 불구하고 지속적으로 거룩한 사람들을 배출하면서 거듭 새로워졌고, 이런 점에서 교회를 인도하시는 하느님의 놀라운 손길을 감지하게 된다.

몇 가지 예를 들어 본다. 베네딕토 성인(†550)은 당시의 시대적 방탕과 무질서에 직면해서 하느님에 대한 확고한 순종의 자세를 강조하는 수도 생활을 전파함으로써 교회가 새롭게 되는 데에 결정적인 역할을 했다. 그로부터 700년이 지난 다음 아시시의 프란치스코 성인(†1226)은 복음에 근거한 철저한 청빈의 삶으로써 세속적인 부와 권력에 묶여 혼탁해진 당시의 교회에 거룩한 기운을 불어넣었다. 또한 로욜라의 이냐시오 성인(†1556)은 이른바 종교 개혁의 소용돌이에 휩싸여 혼란의 와중에 있던 교회에 쇄신의 바람을 불어넣었다. 그는 예수회를 설립하여 교회가 하느님 구원의 도구로 재정비되는 데에 길잡이 역할을 하였던 것이다. 복자 요한 23세 교황(†1963)은 제2차 바티칸 공의회를 개최하여서 교회의 미래를 열어 놓았다. 세상을 적대시하면서 움츠려 있던 교회가 세상 안에서 적극적으로 그리스도를 증거하는 방향으로 나아가도록 물꼬를 터놓았던 것이다. 콜카타의 복녀 데레사 수녀(†1997)는 현대의 물질문명의 질주 속에서 낙오된 이들, 곧 가난과 병고, 노쇠로 인해 쓰레기처럼 버려진 이들을 헌신적으로 보살펴 줌으로써 그들에게 하느님 자비의 손길을 전해 주었다. 그 외에도 많은 성인 성녀들이 교회의 모습을 새롭게 하는 데 크고 작은 역할을 하였다.

교회가 세상의 빛과 소금이 되지 못하고 지지부진한 모습을 보일 때 하느님은 당신 은총으로 변화된 거룩한 인물들을 통하여 교회의 모습을 새롭게 하신다. 물론 그렇다고 해서 교회 안에서 발견되는 죄와 잘못을 묵과해도 된다는 말이 아니다. 교회는 인간적인 약점과 잘못을 벗어 버리고 주님께서 원하시는 모습으로 변화되기 위해 부단히 노력해야 한다. 그래서 제2차 바티칸 공의회는 〈교회 헌장〉 8장을 통해 '교회는 항상 정화되어야 한다'고 분명하게 선언하였다.

교회가 항상 정화되고 쇄신되어야 하는 것은 마땅한 일인데, 중요한 것은 그 방법이다. 교회 안에 있는 '인간적 무능함과 약점'을 분명하게 인지하는 것도 중요하지만, 그것을 지속적으로 비난하고 고발하는 것만이 능사가 아니다. 교회가 그리스도의 복음을 제대로 실현하지 못하는 데에 민감하게 반응하고 이를 날카롭게 지적하고 신랄하게 비판하는 이들이 종종 있다. 물론 비판 정신이 있어야 사회든 교회든 정체하지 않고 발전할 수 있다. 그러나 비판하기는 쉽다. 하얀 종이에 찍힌 점들은 누구나 쉽게 발견한다. 삐뚤어지고 잘못된 부분을 발견하고 시정을 요구하는 것은 조금만 의식이 있는 사람이면 누구나 할 수 있는 일이다. 이에 비해서 교회가, 성령을 통해 교회 안에 보이지 않게 현존하시는 그리스도 덕분에 거듭 새로워지고 거룩하게 변화될 수 있음을 믿고, 묵묵히 자신이 할 바를 하면서 인내를 갖고 기다리는 것은 아무에게나 가능하지 않다. 그런 태도는 진정으로 그리스도의 능력을 굳게 믿는 이들에게만 가능하다.

베네딕토 16세 교황의 말씀대로 교회는 근본적으로 인간이 아닌 '다른 어떤 존재', 곧 주님에 의해 움직여진다는 사실을 한시도 잊어서는 안 된다. 교회 안에 현존하시는 주님께서는 성경의 말씀과 성사, 특히 성찬례를 통해 지속적으로 은총을 베풀어 주시면서 우리를 성화의 길로 부르신다. 하느님 말씀을 전하는 이들의 서툰 말재주에도 불구하고, 성사를 집전하는 성직자의 허물과 부족함에도 불구하고, 주님은 우리에게 필요한 은총을 풍성하게 베풀어 주신다. 이렇게 전해진 은총에 응답하여 변화된 이들이 적지 않다.

때로는 교회가 '인간적인 무능함과 약점'으로 점철되어서 많은 이의 한숨과 탄식을 자아낸다. 하지만 주님은 우리가 알지 못하는 방식으로 사람들 마음을 조금씩이라도 움직여서 교회가 새롭게 변화하도록 이끄신다. 교회의 거룩함이 눈에 보이지 않는다고 해서 쉽사리 비난하거나 낙담해서는 안 된다. 눈에 보이는 것이 전부가 아니기 때문이다.

  교회의 정화와 쇄신의 주도권은 하느님께 있고, 인간은 단지 하느님이 주도하시는 손길에 응답하는 도구일 뿐이다. 이런 사실을 잊는다면, 자칫 교회의 쇄신과 정화를 인간의 손으로 완수할 수 있는 양 착각하기 쉽다. 그렇게 되면 쇄신의 노력에도 불구하고 교회가 좀처럼 달라지지 않는 모습을 보면서 조급증에 걸리거나, 낙담과 절망에 빠져 냉소적이며 공격적으로 변하기 쉽다. 설사 뜻하는 대로 교회가 쇄신되고 정화되었다고 해도 그 공을 주님께 돌리지 못하고 자신의 업적인 양 우쭐하여 교만에 빠지기 쉽다. 인간은 거룩함의 원천이신 주님께 의지하면서 그분의 성화 소명에 성실하게 응답할 뿐이다. 주님은 이 응답을 씨앗으로 삼아 당신이 원하시는 결실을 내실 것이다.

  주님이 교회를 새롭고 거룩하게 만드시는 데에 누구나 하느님의 도구로 쓰일 수 있다. 성직자, 수도자, 평신도 모두 교회 쇄신을 위한 하느님의 도구로 부르심을 받았다. 하느님의 도구가 되는 길은 그분 뜻을 깨닫고 각자 자신의 위치에서 작은 것이라도 실천하는 것이다. 이런 맥락에서 교황 베네딕토 16세의 말씀이 새롭게 다가온다.

> 진정한 '개혁'이란 새로운 모양새를 갖추려고 애쓰는 것을 뜻하는 것이 아닙니다. 진정한 '개혁'이란(많은 교회론자들이 생각하는 것과는 반대로) 우리의 것이 되도록 없어지고, 그리하여 그분 것, 그리스도께 속하는 것이 더 잘 드러날 수 있도록 힘쓰는 것입니다. 이때 이정표가 되어야 하는 것은 성인들입니다. 다시 말해 새로운 구조를 계획함으로써가 아니라, 스스로를 개혁함으로써 교회를 개혁한 성인들입니다. 어느 시대건 인간의 필요에 답하기 위해 교회가 필요로 하는 것은 거룩함이지 경영 수완이 아닙니다.
>
> 요셉 라칭거 · 비토리오 메소리, 《그래도 로마가 중요하다》

더러워진 샘의 한구석에서라도 맑은 물이 솟아나면, 시간이 좀 걸리더라도 언젠가는 그 샘은 다시 깨끗해진다. 마찬가지로 교회가 거룩하고 새롭게 되는 데에 우선해야 할 것은 제도와 체제의 변화보다는 개개인의 성화와 회개다. 그리고 남에게 성화되고 회개하라고 요구하기보다는 우선 나 자신부터 거룩해지고 새롭게 되는 데에 초점을 맞추어야 한다. 교회의 쇄신은 교회 구성원인 우리의 쇄신으로부터 시작되어야 하고, 우리의 쇄신은 '우리'를 이루고 있는 '나' 자신의 쇄신을 전제로 한다. 나 자신이 교회의 일부이기 때문에, 미약하더라도 나의 성화와 쇄신을 통해 교회의 일부가 성화되고 쇄신된다.

누구 때문에, 무엇 때문에 이렇게 되었다고 투덜대기보다는 스스로 할 수 있는 일을 찾아 묵묵히 하는 사람들이 많아질 때, 어둠을 탓하는 데 머물기보다는 스스로 작은 빛이라도 되려고 노력하는 사람이 많아질 때 교회의 모습은 새로워질 것이다. 바오로 사도가 필리피 교회의 신자들에게 보낸 편지의 한 대목을 마음에 간직하면 좋겠다. "무슨 일이든 투덜거리거나 따지지 말고 하십시오. 그리하여 비뚤어지고 뒤틀린 이 세대에서 허물없는 사람, 순결한 사람, 하느님의 흠 없는 자녀가 되어, 이 세상에서 별처럼 빛날 수 있도록 하십시오."(필리 2,14-15)

● 〈한 알의 밀씨〉, 가톨릭 교리신학원 소식지 27호(2005년 9월 10일)

큰누나처럼 푸근했던 수녀님

　　　　　나의 집안은 친가 외가 모두 몇 대째 천주교를 믿어 왔다. 하느님의 큰 은총과 조상님들의 굳건한 신앙 덕분에 친가와 외가에서 사제와 수도자를 많이 배출하였다. 특히 외가 쪽으로는 사제와 수도자가 합쳐 열 명이나 된다. 같은 길을 가고 있는 우리는 약 이십 년 전부터 매해 두세 번 정도 함께 모여 서로 격려해 주면서 우의를 돈독하게 다져 오고 있다. 그런데 이 가족 모임의 좌장 격이었던 양 젤투르다 수녀님이 2010년 5월에 향년 73세로 하느님 곁으로 가셨다.

　　양 수녀님은 은퇴 후에 은퇴 수녀님들의 숙소에 계시면서 접수실 근무를 소임으로 맡으셨다. 그러던 중 2009년 11월경에 암 발병 사실을 알게 되었다. 하지만 치료하기에는 이미 때가 늦은 상태였다. 수녀님은 장상 수녀님께 '발병 사실을 다른 수녀들에게 알리지 않았으면 좋겠다. 병원 신세를 지고 남들에게 걱정 끼치는 것도 싫다. 견딜 수 있을 때까지 소임에 충실하겠다'고 청을 드렸다. 그리고 자신의 소임을 계속하다가 더 이상 견디기 어렵게 되자 4월 12일에 호스피스 병원에 입원하여 4월 30일에 선종하셨다. 수녀님이 지내셨던 '성모의 집' 성당에서 거행된 장례 미사에서 이런 강론을 하였다.

저와 장례 미사를 집전하는 여러 신부님들은 선종하신 젤투르다 수녀님과 친척 관계에 있습니다. 수녀님은 항상 큰누나처럼 푸근하게 저희들을 보살펴 주셨습니다. 매번 정성이 담긴 작은 선물을 하나씩 마련해 오셔서 저희들에게 나누어 주셨습니다. 손수 만드신 묵주도 주시고 손수 뜨개질하신 목도리도 선물해 주시고는 하셨습니다. 그런데 이런 분이 훌쩍 우리 곁을 떠나시니 마음이 참 허전합니다.

물론 젤투르다 수녀님과 가족 이상으로 가까이 지내셨던 수도회 가족이 느끼시는 슬픔과 허전함이 더욱 클 것입니다. 수녀님이 선종하시기 전날 밤에 제가 병문안을 갔는데, 저와 함께 가셨던 어느 수녀님이 이런 말씀을 하셨습니다. "젤투르다 수녀님은 매우 열심이셔서 본당에 계실 때 전교도 제일 많이 하셨고, 일선에서 물러나신 다음에도 성실하게 사시면서 후배들에게 모범이 됐던 분이셨어요." 이런 분이 더 이상 우리 곁에 계시지 않는다고 하니 인간적으로는 참으로 쓸쓸하고 아쉽습니다. 하지만 신앙의 눈으로 본다면 오히려 우리는 기뻐해야 합니다. 왜냐하면 수녀님은 힘겨운 인생 여정을 잘 마치고 이제 좋으신 하느님 아버지 곁에서 영원한 평안을 누리게 되셨기 때문입니다.

가톨릭 신자이며 유명 작가인 최인호 씨의 글을 한 대목 소개하고 싶습니다. 그분이 2004년에 출판한 《어머니는 죽지 않는다》라는 책에서 돌아가신 아버지, 어머니 그리고 앞서간 누이들을 그리면서 이런 글을 남겼습니다.

"어머니가 돌아가신 것이 1987년이니, 벌써 이십 년 가까이 되어 간다. 아버지는 돌아가신 지 반세기가 되어 가고, 한 형제로 태어났던 큰누이와 막내 누이도 돌아가신 지 벌써 오륙 년, 언제나 이 한세상에서 함께 지낼 것 같은 가족들도 어느새 반 이상 우리 곁을 떠나 저세상으로 떠나가셨다.

그리움도 많이 퇴색되어 버려서 문득문득 떠오르긴 하지만 가슴이 저미거나 보고 싶다는 애틋한 감정은 떠오르지 않는다. …… 어머니와 아버지, 그리고 누이들은 같은 성을 쓰고 같은 집에서 아빠, 엄마, 누나라는 호칭으로 서로를 부르며 소꿉장난하듯 재미있게 놀다가 '이제는 그만 들어와 밥 먹어라아-' 하는 하느님의 부르심에 먼저 돌아가 버린 동무들처럼 느껴진다. 남은 우리들도 언젠가는 '인호야, 그만 들어와 밥 먹어라아-' 하는 소릴 들으면 이 소꿉장난의 낯선 골목길을 떠날 것이다.

남아 있는 우리들은 먼저 집으로 들어가 버린 동무들이 우리 곁을 떠났다고 슬퍼하고 있지만 우리들이 머물고 있는 이 골목길이 오히려 바람 불고, 쓸쓸하고, 무서운 낯선 곳일 것이다. 먼저 편안한 저세상의 집으로 돌아간 엄마와 아빠, 그리고 누이들은 살아 있는 우리들의 눈으로는 보지 못하는 신비의 커튼 사이로 우리들의 모습을 지켜보며 이제 날이 저물고 있으니 어두운 골목에서 그만 헤매지 말고 들어오라고 손짓하고 있을지 모른다."

최인호 작가가 표현한 대로 젤투르다 수녀님은 바람 불고 쓸쓸한 골목길과 같은 세상살이를 마치고 우리보다 먼저 편안한 저세상의 집, 하늘 아버지의 집으로 돌아가셨습니다. 그 집에 대해서 오늘 제2독서는 이렇게 설명합니다. "하느님 친히 그들의 하느님으로서 그들과 함께 계시고, 그들의 눈에서 모든 눈물을 닦아 주실 것이다. 다시는 죽음이 없고, 다시는 슬픔도, 울부짖음도, 괴로움도 없을 것이다. 이전 것들이 사라져 버렸기 때문이다."(묵시 21,3-4)

이제 수녀님은 우리의 영원한 본향인 저세상의 집, 더 이상 죽음도 슬픔도, 병고의 괴로움도 없는 그곳으로 가셨습니다. 그리고 그 집의 신비의 커튼 사이로 어두운 골목길에서 헤매고 있는 우리를 지켜보면서 기다리실 것입니다. 우리도 언젠가는 수녀님이 먼저 가신 하늘 아버지의 집으로 들어갈 것입니다. 물론 그러기 위해서는 지금, 여기서 열심히 살아야 할 것입니다. 오늘 복음에서 예수님이 제자들에게 주신 새 계명에 따라 하루하루 사랑의 삶을 살아가다 보면 우리의 차례가 왔을 때 두려움 없이 기쁘게 아버지의 집으로 향할 수 있을 것입니다. 그리고 거기서 젤투르다 수녀님을 포함한 우리가 사랑했던 사람들 모두를 반갑게 다시 만나게 될 것입니다.

성 치프리아노 주교님의 말씀으로 강론을 마치겠습니다. "우리는 이 땅에서 지금 잠시 동안 손님이나 순례자로서 지내고 있다는 것을 거듭거듭 생각하고 또 숙고해야 하겠습니다.

…… 천국 낙원을 우리 고향으로 간주합니다. 거기에는 우리를 아끼는 수많은 친지들이 기다리고 있고 부모와 형제와 자녀들의 허다한 무리가 우리를 애타게 만나려 합니다. 그들은 이미 자신의 구원에 대한 염려에서는 완전히 벗어났지만 아직도 우리의 구원을 걱정하고 있습니다. 그들을 보고 포옹하게 되는 것은 그들과 우리에게 크나큰 기쁨이 되지 않겠습니까?"

우리 모두 이런 기쁨을 누릴 수 있도록 열심히 살아갑시다. 자비하신 주님, 당신의 딸 젤투르다와 다른 죽은 모든 이들에게 영원한 안식을 주소서. 아멘.

성가정을 이루는 법

가정이 얼마나 중요한지에 대해서는 긴 설명이 필요하지 않다. 가화만사성家和萬事成이라는 옛말처럼 가정이 원만할 때 다른 일도 원만해진다. 베네딕토 16세 교황이 추기경이었을 때 여러 차례 대담을 나누었던 독일의 언론인 페터 제발트는 자신의 저서에서 바실 흄 추기경(†1999)의 말을 빌려 가족의 중요성에 대해 이렇게 역설한다. "가족은 삶과 사랑을 배우는 우주적 학교다. 가족이 약해지면 우리 사회 전체의 삶의 질이 하락하며, 한 사람, 한 사람이 사랑하는 방법과 성숙하고 원만한 관계를 맺는 방법을 배우기가 그만큼 더 어려워진

다."(페터 제발트, 《수도원의 가르침》)

　남자든 여자든 집안에서 부부간에 서로 티격태격하거나 고부간의 갈등을 안고 산다면 직장 일을 제대로 할 수 없을 것이다. 아이들도 가정불화가 지속되거나 부모가 이혼을 하게 되면 학교 공부는 물론 성격 형성에 적지 않은 지장을 받게 된다. 어렸을 적에 부모의 사랑과 보살핌을 받지 못하고 자라난 아이가 잘못된 길로 빠지는 경우가 적지 않다. 범죄자들 대부분은 부모의 사랑을 못 받고 자란 사람들이라고 한다. 집안이 평안할 때 바깥일은 물론 아이들의 교육도 원만하게 이루어지고, 화목한 가정이 많아질 때 사회도 안정된다. 한마디로 가정은 살아가는 데에 필요한 힘을 얻는 보금자리요, 사람을 키워 내는 못자리며 건전한 사회의 초석이다.

　이런 배경에서 가톨릭 교회는 전통적으로 가정에 많은 관심을 갖고 그 중요성에 대해서 거듭 강조해 왔다. 전례적으로는 성가정 축일을 정해서 가정의 성화를 추구한다. 성가정이란 예수, 마리아, 요셉이 이룬 가정을 말하는 것이고, 우리도 그 가정을 본받아서 성가정을 이루고자 다짐하는 데에 이 축일의 의미가 있다. 요즘에는 식구들이 모두 세례를 받으면 '성가정이 되었다'고 한다. 정확하게 표현하면 그 "가족 모두 신자가 되었다.", "이제 신자 가정이 되었다."라고 표현하는 것이 옳을 것이다. 성가정은 우리가 목표로 추구해야 할 대상이지 우리가 이미 이루었다고 하기는 어렵다.

성가정이라고 해서 모든 일이 순풍에 돛단배처럼 잘 되어 갔다고 생각한다면 큰 오해다. 예수, 마리아, 요셉의 가정은 보통 가정보다 더 많은 우여곡절을 겪었다. 이 가정은 성립부터 순탄하지가 않았다. 요셉은 자기 약혼녀 마리아가 자기도 모르는 사이에 결혼 전에 임신한 사실을 알고는 파혼하기로 결심한다. 그러나 꿈속에서 천사가 마리아의 아이는 성령으로 잉태된 것임을 알려 주었고, 요셉은 이 말을 믿고 마리아를 아내로 맞아들인다(마태 1,18-25). 이렇게 힘들게 결혼이 성사된 후에도 또 다른 어려움이 닥친다.

마리아는 황제가 명한 호적 등록을 하기 위해 살던 곳을 떠나 베들레헴에 머무는 동안 예수님을 낳게 되는데, 여관방이 없어서 초라한 마구간에서 해산을 해야 했다(루카 2,1-7). 또 요셉은 예수님을 죽이려는 헤로데 임금의 손아귀를 피해 멀리 이집트로 가서 그곳에서 얼마간 타향살이를 해야 했다(마태 2,13-15). 마리아와 요셉이 예수님을 키우는 데에도 그야말로 속 썩는 일이 전혀 없었던 것은 아니다. 예수님이 열두 살 나던

해에 가족 전체가 예루살렘으로 순례를 갔다가 아들을 잃고 사흘 동안 애태우며 찾기도 했다. 이처럼 어려움과 고난이 전혀 없지 않았던 성가정은 적어도 이런 면에서는 보통 가정과 크게 다를 바가 없다고 하겠다.

그러면 어떻게 해서 예수, 마리아, 요셉은 성가정을 이룰 수 있었을까? 마리아, 요셉의 가정이 성가정인 이유는 그들이 무엇보다도 하느님의 뜻을 따르고자 하는 신앙인이었다는 데에 있다. 마리아와 요셉은 어떤 상황에서든 우선적으로 하느님 아버지의 뜻에 귀를 기울였고 그 뜻을 기꺼이 따랐다.

마리아는 하느님의 아드님을 잉태할 것이라는 가브리엘 천사의 전갈을 받고서 비록 그 전갈의 의미를 다 알아듣지는 못했지만 하느님을 굳건히 신뢰하면서 다음과 같이 응답한다. "보십시오, 저는 주님의 종입니다. 말씀하신 대로 저에게 이루어지기를 바랍니다."(루카 1,38) 또 성모님은 예루살렘 순례의 귀환 길에서 예수님을 잃어버렸다가 사흘 뒤에 겨우 발견하고서 "왜 우리를 애타게 했느냐."라고 나무란다. 어머니의 말에 아들은 의외의 대답을 한다. "왜 저를 찾으셨습니까? 저는 제 아버지의 집에 있어야 하는 줄을 모르셨습니까?"(루카 2,49) 어머니는 아들의 대답을 이해하지 못했지만, "이 모든 일을 마음속에 간직하였다."(루카 2,51) 성모님은 비록 하느님의 뜻을, 아들의 말을 다 파악할 수 없어도 무시하거나 내치지 않고 마음속에 간직하신다. '내가 지금 이해하지는 못해도 뭔가 드러나지 않은 깊은 뜻이 있을 것'이라는 생각으로 그러셨을 것이다. 이는 인내와 겸손의 태도다. 성모님은 인내와 겸손의 태도로 '우리 마음보다 크신'(1요한 3,20) 하느님의 뜻을 받아들이시고, 그런 태도로 아들을 기르신 것이다.

요셉 역시 하느님의 뜻을 충실히 따랐다. 결혼 전에 약혼녀인 마리아가 임신한 사실을 알고서 분명 당황하였고 고민도 하였을 것이다. 그러나 꿈에 나타난 천사의 전갈을 하느님의 뜻으로 받아들여 마리아를 아내로 맞아들인다(마태 1,24). 또한 요셉은 천사의 지시대로 위험에 처한 가족을 위해서 주저하지 않고 밤길을 나서서 멀리 피신하고, 다시 천사의 지시에 따라 가족들과 함께 나자렛으로 돌아간다(마태 2,13-15.19-23). 요셉은 하느님의 뜻을 따르기 위해서 자신의 권리를 기꺼이 포기하여 마리아를 아내로 맞이하고, 가족의 안전을 위해 온갖 어려움도 기꺼이 감수한다. 이는 자비와 헌신의 태도다. 요셉 성인은 자비와 헌신의 태도로 가족을 돌보면서 하느님의 뜻을 묵묵히 실천하신 것이다.

예수님 역시 하느님의 뜻에 충실하셨다. 성부의 뜻에 따라서 부모를 잠시 떠나 성전에 머무르셨지만, 다시 마리아와 요셉을 따라 나자렛으로 돌아가 "그들에게 순종하며"(루카 2,51) 지내셨다. 십계명의 넷째 계명인 '부모에게 효도하라'는 말씀에 충실하신 것이다. 예수님은 하느님 아버지에 대한 충실, 부모에 대한 효도로써 하느님의 뜻을 실천하신 것이다.

예수, 마리아와 요셉, 그분들에게도 우리와 똑같이 어려움과 고민이 있었고 속이 상하는 일도 있었다. 또한 상대방의 말과 행동을 미처 다 이해하지 못할 때도 있었다. 이분들이 성가정을 이룰 수 있었던 것은 무엇보다도 하느님의 뜻을 우선으로 하고, 그 뜻을 인내와 겸손, 자비와 헌신, 충실의 태도로 실천하면서 서로를 감싸 주었기 때문이다.

성가정과는 달리 대부분의 우리 가정은 하느님보다는 다른 데에 더 중심을 두는 경우가 많다. 아이들의 학업을 위해서라면 신앙생활도 뒷전으로 미루는 경우가 흔하다. 예를 들면, 고3 아이에게 "주일 미사 빠지지 말고 참례하라.", "아침저녁 기도 바쳐라." 하고 권고하는 부모, 어려움에 처한 아이와 함께 기도하는 부모가 과연 얼마나 될까? 고3 시기는 매우 힘들고 어려운 시기다. 하지만 그럴 때일수록 하느님께 모든 것을 의탁하고, 내 뜻보다는 그분의 뜻을 따르는 것을 배우고 훈련할 수 있는 좋은 시기이기도 하다. 그런데 적지 않은 부모들은 '고3 때는 성당을 잠시 쉬고 공부를 열심히 해서 대학에 붙은 다음에 성당 청년 활동이나 봉사 활동을 하면 되지 않느냐?'고 '시한부 냉담'을 종용한다. 어렵고 힘들 때일수록 하느님의 뜻을 생각하고 그분께 의탁해야 하는 것을 배울 수 있는 아주 좋은 기회를 아깝게 놓쳐 버리는 것이다.

또 자신의 출세와 안녕을 위해서라면 신앙생활도 포기하는 경우가 종종 있다. 필자가 오래전에 군 복무할 때 진급을 위해서 자신의 종교를 버리고 상관의 종교를 따라가는 경우를 여러 번 보았다. 이런 일은 아직도 사회 여기저기에서 반복되고 있다. 부모가 이렇게 신념 없게 행동한다면, 자녀들도 자연스럽게 그런 모습으로 살아갈 것이다.

가족 구성원들끼리는 어떤가? 인내보다는 조급함이 앞선다. 다른 식구의 말을 잘 듣고 거기에 대답하기보다는 하는 말을 뚝 자르고 자기 말하기 바쁘다. 누가 마음에 안 드는 행동을 했다면, '왜 그랬을까? 무슨 사정이 있었던 것은 아닐까?' 하고 좀 생각해 보고, 당사자에게 물어봐 확인해도 늦지 않을 텐데, 야단과 비난의 말이 먼저 나간다. 서로 감싸 주기보다는 미움과 다툼으로 서로를 대하고, 헌신보다는 자기 것을 움켜쥐고 손해 보기를 꺼려 하는 경우도 많다. 가족끼리는 사랑 때문에 기꺼이 서로 손해 볼 생각을 해야 하는데, 결코 손해 보지 않으려고 한다. 젊은 부부들 중에서 적지 않은 이들은 져 주고 손해 보면 자존심이 무너지는 것처럼 생각한다. 그런 관계의 근저에는 '기꺼이 주고도 덜 준 것 같아서 미안해하는' 사랑이 아니라 '밑져서는 안 된다'는 장사 마인드가 깔려 있을 뿐이다.

부모는 아이들에게 부모에 대한 효도와 어른들에 대한 예의를 가르치기보다는 기죽이지 않겠다고 버릇없는 말과 행동까지도 묵인한다. 식당에서 아이들이 소란을 피워 다른 손님들의 눈살을 찌푸리게 해도 '애 기죽여서는 안 된다'고 그냥 놔둔다. 요즘에는 미사 중에 떠든 아이들을 신부가 좀 야단치면 부모들이 반발한다는 얘기도 들린다. '집에서도 야단을 안 치는데 왜 성당에서 야단치느냐'고 따진다는 것이다. 과거에는 반찬 한 가지를 하더라도 할아버지 또는 아버지의 입맛에 맞는 것을 했지만, 요즘에는 애들 입맛이 기준이 된다. 그러면 아이들이 부모에 대한 효도를 배울 수 있을까? 이렇게 하면서 세례받고 성당 다닌다고 성가정이 되는 것은 아니다. 예수, 마리아, 요셉의 성가정이 하신 바를 실천할 때 성가정을 닮아 가는 것이다. 오늘의 세태는 예수, 마리아, 요셉의 성가정 모습과는 반대로 가는 기류가 강하다. 그러기에 성가정은 더욱더 중요하게 우리에게 다가온다.

진정으로 성가정을 이루려면 예수, 마리아, 요셉의 모범을 따라 우리가 살아가면서 겪는 다양한 어려움과 역경 속에서도 하느님의 뜻을 항상 먼저 생각하고 실천하려고 노력해야 한다. 또한 예수, 마리아, 요셉이 그랬던 것처럼 가족끼리 인내로 참아 주고 관대하게 대한다면, 또한 자신을 쪼개 주고 가족 간의 도리를 지키려고 노력한다면, 우리 가정도 서서히 거룩한 가정이 될 것이다.

그렇게 되기 위해서는 가족이 함께 기도해야 한다. 삼십여 년 전의 통계에 따르면 미국의 평균 이혼율은 삼십 퍼센트를 넘었다. 그러나 정기적으로 교회나 성당에 나가는 사람의 경우에는 51명 중 한 명이 이혼을 하였고, 매일 가정 기도를 바치는 사람은 1,011명 중 한 명이 이혼했다는 결과가 나왔다. 이 통계는 부부와 가정의 화목을 위해서 기도가 얼마나 중요한지를 단적으로 드러내 준다.

기도를 하게 되면 하느님 앞에서 자신의 부족한 점을 먼저 살펴보게 된다. 남을 탓하기 전에 내가 남편으로서, 아내로서,

아버지로서, 어머니로서, 자식으로서 해야 할 본분을 다했는가? 나를 앞세우기 전에 상대를 이해하고 받아들이려 노력했는가를 하느님 앞에서 솔직하게 반성하지 않을 수가 없다. 가족 전체가 하루에 한 번, 적어도 일주일에 두세 번만이라도 이렇게 자신을 반성하는 기도 시간을 갖는다면 그 가정은 서서히 변화될 것이다. 바쁘다고 핑계 대지 말고 어려워도 함께 모여 자주 기도를 바치면서 거룩하게 변화되는 가정이 많아지면 좋겠다.

─── 희망과 위로가 되는 성인들

가톨릭 교회는 일생 거룩하게 살다간 성인^{聖人}들을 공경한다. 그들의 신앙과 덕행을 기억하여 본받으려 하고, 그분들이 우리를 위해 하느님께 기도해 주시기를 청한다. 성인 공경의 유래는 초세기 교회까지 거슬러 올라간다. 예루살렘에서 시작된 교회는 점차로 로마 제국의 전역으로 전파되었다. 그러다가 신처럼 받드는 로마 황제에게 제사를 바치지 않는다는 이유로, 313년 콘스탄티누스 황제가 종교 자유를 허락할 때까지 여러 차례 혹독한 박해를 받았다. 그런 가운데 그리스도교 신자들은 박해를 받으면서 하느님을 위해 목숨을 바친 순교자들을 기억하고 공경하게 되었다. 세월이 흐르면서 꼭 순교자는 아니더라도 신덕信德이 뛰어난 분들을 성인으로 섬겼다. 10세기 말경에 교황청에서 성인 품계를 정하고, 17세기에 들어와서는 성인들의 시성식에 관해서 교회법으로 분명히 규정해서 오늘에 이르고 있다.

가톨릭의 성인 공경은 개신교로부터 많은 비판을 받아 왔다. 성인 공경은 오직 한 분이신 하느님만을 섬기라는 십계명의 제1계명에 위배된다는 이유에서다. 그러나 가톨릭 교회는 성인들을 결코 하느님처럼 섬기지 않는다. 비유를 들면 성인들은 오직 하나인 태양으로부터 빛을 받아서 반짝이는 별에 불과하다. 가톨릭 교회에서 모든 성인들을 기억하며 공경하는 가장 큰 이유는 역사상 구체적으로 인간에게 이루어진 하느님 은총의 승리를 찬미하는 데에 있다. 세상의 죄와 어두움에도 성인들의 삶과 죽음을 통해 거듭해서 은총을 주시는 하느님을 찬미하는 것이다. 이렇게 성인들을 통해서 하느님을 찬미하는 것은 바로 우리 자신에게 보탬이 된다. 다시 말해서 우리 자신의 신앙을 새롭게 하고 활성화하는 계기가 된다는 것이다.

성인들은 세상에서 각자의 처지에 따라 고유하게 그리스도를 따르고자 모든 어려움을 마다하지 않았던 분들, 경우에 따라서는 목숨까지 바쳤던 분들이다. 이제 그분들은 하느님 안에서 영원한 행복을 누리고 계신다. 아마 그분들은 우리에게 이렇게 말씀하실 것이다. "비록 너희가 신앙 때문에 손해 보고, 고통받고, 때로는 바보 취급받더라도 실망하지 마라. 하느님 은총에 응답하는 길을 우리가 앞서서 걸었고 그 길은 결코 헛되지 않고 크나큰 영광으로 이어지는 만큼 낙심하거나 포기하지 마라." 이렇게 성인들은 말없이 우리를 격려하고, 우리는 성인들을 바라보면서 자칫하면 느슨해지기 쉬운 우리의 신앙생활을 다시 한 번 추스르게 된다. 또한 우리에 앞서 신앙의 길을 걷고 완성에 이른 성인들은 우리에게 희망과 위로를 준다. 세 가지 점에서 성인들은 우리에게 희망과 위로로 다가온다.

첫째, 그들의 기도가 우리에게 희망과 위로가 된다. 가톨릭 교회는 초기부터 성인들의 통공을 믿어 왔다. 교회의 지체들은 서로 연대를 맺고 있고, 그래서 천국에서 영원한 복을 누리는 이들이 아직 지상에서 살고 있는 우리를 위해 끊임없이 하느님께 전구(傳求)하고 있다는 것을 믿어 왔다. 요한 묵시록은 천상에 있는 성도들의 기도를 하느님께서 받아들이신다고 증언한다. "그리하여 천사의 손에서 향 연기가 성도들의 기도와 함께 하느님 앞으로 올라갔습니다."(묵시 8,4) 나의 부모나 친척,

친지 등 가까운 사람이 아니라 내가 알지 못하는 사람이 나를 위해서 기도해 준다는 것이 별로 도움이 안 된다고 생각할지 모르겠다. 하지만 이런 기도도 분명 효과가 있다.

2001년 10월 4일자 〈동아일보〉에 이런 기사가 실렸다. 포천 중문의대와 미국 컬럼비아대 산부인과 연구팀이 공동으로 연구를 했다고 한다. 연구 내용은, 1998~1999년 서울의 어느 병원에서 불임 치료 중이던 199명의 사진을 환자 몰래 미국, 캐나다, 호주의 각기 다른 기독교 종파 신자들에게 주고 이들이 임신에 성공하도록 기도해 달라고 부탁한 뒤에, 이 그룹과 기도를 해 주는 사람이 없는 환자 그룹의 임신 성공률을 비교하는 것이었다. 연구 책임자는 "연구 결과가 '황당해' 발표 여부를 오랫동안 고민했지만 두 그룹 사이의 차이가 명백해 무시할 수가 없었다."라고 고백했다. 전혀 모르는 사람의 기도를 받은 불임 환자의 그룹은 그렇지 않는 그룹보다 두 배의 성공 확률을 보였기 때문이다.

나와 아무런 관련이 없는 사람의 기도도 분명히 효과가 있다는 것이 과학적으로 입증된 셈이다. 우리에게는 우리를 위해 기도해 주는 성인들이 헤아릴 수 없이 많다. 자신이 초라하고 왜소하게 보일 때마다 우리는 수많은 성인들을 '백'으로 갖고 있다고 생각하면 마음이 든든해질 것이다.

두 번째, 모든 성인들의 삶이 우리에게 희망과 위로가 된다. 성인들의 삶은 각양각색이지만, 실상은 한 방향이다. 즉, 하느님을 오롯이 섬기면서 그분 뜻에 전적으로 헌신하는 삶이었다. '행복 선언'(마태 5,3-12)에서 언급된 이들처럼, 성인들은 하느님만을 바라보았기 때문에 가난하게 살았고 슬픔을 겪어야 했다. 또한 하느님을 삶의 중심으로 모시고 살았기 때문에 온유했고, 옳은 일에 목말라했으며, 자비를 베풀었고, 깨끗한 마음을 지녔으며, 평화를 위해 헌신하였고, 옳은 일을 하다가 박해까지 당하였다. 이런 삶은 세상에서는 손해 보고 바보 취급 받기 일쑤이기에 세상 사람들은 그런 삶을 꺼려 한다. 하지만 성인들을 통해서 그런 삶이 참된 행복으로 가는 길이라는 것이 드러났고, 그분들이 우리에 앞서서 먼저 이런 길을 가셨기에 우리 역시 기꺼이 그 길을 뒤따라갈 수 있다.

세 번째, 성인들은 그들의 약점과 불완전함을 통해서 우리에게 희망과 위로가 된다. 성인들은 완벽한 인간이 아니라 우리와 똑같이 약점과 결점을 지닌 분들이었다. 대표적으로 베드로 사도는 예수님을 세 번 배반하는 약함을 보였고, 바오로 사도는 그리스도 신자들을 박해했던 분이었다. 또한 성인들

중에는 성격이 모난 분도 없지 않았다. 예를 들어서 예로니모 성인 축일의 찬미가를 보면 이런 대목이 나온다. "사나운 사자처럼 날카롭게 진리의 원수들을 변박하셨네." 진리에 대한 열성 때문에 진리에 거스르는 사람들에게는 사자처럼 사나웠다는 말인데, 이런 표현을 통해서 예로니모 성인의 성격이 매우 격하지 않았나 추측하게 된다. 성인들 중에는 하느님과 교회에 대한 열정이 너무 뜨겁다 못해서 주위 사람들을 거의 태울 정도까지 가는 분들이 있었다. 그래서 "성인 밑에 순교자 나온다."라는 농담이 생긴 것 같다.

성인들도 우리와 똑같이 약점과 모난 성격을 지니고 완덕의 길로 정진했다는 사실을 생각하면서, 약점과 결점이 많은 우리 역시 아주 가망이 없는 것은 아니구나 하는 희망을 갖게 된다. 훌륭한 목수는 나무의 재질과 결, 옹이까지도 살려서 좋은 가구를 만들 듯이, 하느님은 한 사람의 특성뿐만 아니라 약점까지도 존중하면서 완성에로 이끄신다.

초보자가 산에 오를 때 앞서서 길을 인도하는 사람이 있으면 한결 수월하게 등산할 수 있다. 성인들은 신앙의 산길을 인도해 주시는 분들이다. 우리에 앞서 신앙의 길을 간 성인들을 기억하면서, 그분들의 전구에 감사드리고, 그분들의 삶과 고난에서 위로를 얻으며, 그분들의 인간적인 약점과 결점을 보면서 희망을 잃지 않았으면 좋겠다.

성인들은 보통 사람들보다 여러 가지 면에서 매우 고난에 찬 생애를 살았다. 어쩌면 성인들은 자기가 처한 고난을 자신의 '십자가'로 알고서 이를 감수한 덕분에 성인이 되었다고 해도 과언이 아니다. 그런데 성인들은 남보다 더 많은 어려움과 고통을 당하면서도 경직되지 않고 여유를 보였다. 예를 들면 토마스 모어 성인이 그랬다. 토마스 모어 성인은 16세기 초 영국의 명재상이었으나 당시 국왕 헨리 8세의 이혼에 동의하지 않았다는 이유로 처형되었다. 그는 자신이 쌓아 온 명예와 사랑하는 가족은 물론, 하나밖에 없는 목숨까지 잃으면서도 여유를 잃지 않았다. 성인은 단두대에서 죽기 직전에 사형 집행인에게 다음과 같은 농담을 했다고 한다. "내 수염은 자르지 않도록 조심하시오. 내 수염이야 국왕에게 반역한 적이 없으니 말이오."

토마스 모어 성인이 지은 〈유머를 구하는 기도〉에서 그가 얼마나 낙관적으로 살았는지를 엿볼 수 있다.

주님, 저에게 충분한 소화력을 주시고

소화할 음식도 주소서.

건강한 몸을 주시고 또 이를 되도록 잘 간직하는 데

필요한 감각을 주소서.

죄에 빠졌다 해서 절망하지 않고,

사물을 다시금 제정신으로 바라볼 수 있도록

주님, 착한 것과 깨끗한 것을 분별할

거룩한 마음을 내려 주시옵소서.

따분함도, 불평도, 신음도, 탄식도

모르는 마음을 주소서.

갈수록 볼품이 없어져 가는 '나'라는 것에 관하여

너무 신경을 쓰지 않도록 하여 주시옵소서.

주님, 생활 속에서 자그마한 기쁨을 알고,

남에게도 그 기쁨을 전할 수 있도록 유머 감각을 주시고

농담을 이해할 은총을 내려 주옵소서.

호세 욤파르트, 《가톨릭과 개신교》

한국 최초의 사제 성 김대건 안드레아 신부님도 자신을 죽이려는 휘광이(회자수)에게 어떻게 하면 칼로 목을 치기가 좋으냐고 물으면서 그가 요구하는 자세를 취하였다고 한다. 성인

들은 이렇게 역경 중에서도 여유를 보였다. 깊고 굳건한 신앙의 소유자였기에 그럴 수 있었을 것이다.

　무에서 세상 만물을 창조하신 하느님을 굳건히 믿는다면 세상 사람들이 애지중지하는 부와 명예, 사랑은 물론, 자신의 목숨까지 내놓으면서도 여유를 잃지 않을 수 있다. 성인들의 굳은 신앙을 본받을 수 있도록, 또한 그들처럼 고난 중에서도 여유를 잃지 않을 수 있도록 기도 중에 자주 필요한 은총을 청하면 좋겠다.

─── 성모님을 공경하는 이유

　　　　　몇 년 전에 한 개신교 방송에서 전화 인터뷰를 청해 왔다. 개신교 신자들이 가톨릭 교회에 대해 지니고 있는 생각을 전해 주면서, 답변을 듣고 싶다고 했다. 대부분 가톨릭에 대한 부정적인 생각의 나열이었다. '가톨릭은 예수님보다 성모 마리아를 더 중요하게 여긴다', '교황이 하나님보다 우선한다', '가톨릭 교회는 그리스도를 믿지 않아도 구원받을 수 있다고 가르친다', '사제를 통해서만 하나님을 만날 수 있다고 생각한다(고해성사와 관련해서)' 등등. 이중에서 특별히 마리아 공경은 자주 가톨릭과 개신교의 단골 논쟁거리가 되어 왔다. 아마도 가톨릭의 마리아 공경에 대한 개신교 신자들의 이해 부족, 그리고 유감스럽게도 가톨릭 교회 내의 과장된 마리아 공경 때문에 그렇게 된 것 같다.

가톨릭 교회는 전통적으로 마리아를 공경해 왔다. 하지만 개신교 일각에서 주장하듯이 마리아를 숭배하지는 않는다. 가톨릭에서는 숭배라는 용어 자체를 쓰지 않는다. 숭배라는 말 대신에 '흠숭欽崇'이란 단어를 쓰는데, 이 표현은 하느님께만 사용한다. 가톨릭은 마리아를 흠숭하는 것이 아니라 공경할 뿐이다. 정확히 말하면 최상의 공경, 즉 상경上敬의 예로서 마리아를 대한다. 그래서 기도할 때에도 엄격하게 구분한다. 예수님께는, "저희에게 자비를 베풀어 주소서.", 성모님께는 "저희를 위하여 (하느님께) 빌어 주소서." 하고 기도한다.

그러면 가톨릭 교회는 오해와 비난을 받아 가면서도 왜 마리아를 공경할까? 왜냐하면 마리아는 하느님의 충만한 은총을 받아(루카 1,30) 구세주의 어머니가 되신 분이기 때문이다. 예수님이 태어나신 베들레헴과 그분이 죽고 부활하신 예루살렘을 성지聖地라고 부른다면, 그분을 잉태하고 낳아서 기르신 성모님은 성지 중의 성지라고 해도 과언이 아니다. 물론 성모님이 단지 육신적으로 예수님의 어머니이기 때문에 그분을 공경하는 것은 아니다. 그렇다면 왕조 시대에 대비大妃가 왕을 낳은 어머니기 때문에 공경하는 것과 다를 바가 없다.

마리아가 예수님의 어머니가 되신 것은 하느님의 은총에 믿음으로 응답하였기 때문이다. 마리아는 구세주가 세상에 오실 수 있도록 단지 피동적으로 자신의 몸을 빌려 드린 것이 아니라 능동적으로, 믿음과 순종으로 응답하였다. 아브라함은 "네 고향과 친족과 아버지의 집을 떠나, 내가 너에게 보여 줄 땅으로 가거라."(창세 12,1)라는 하느님의 말씀에 믿음으로 순종함으로써 '믿음의 조상'(로마 4,13-25)이 되었다. 이와 유사하게 마리아도 처녀의 몸으로 구세주를 잉태할 것이라는 천사의 말에 믿음으로 순종함으로써 구세주의 어머니가 되신 것이다. "저는 주님의 종입니다. 말씀하신 대로 저에게 이루어지기를 바랍니다."(루카 1,38) 바로 이런 믿음으로 인해서 마리아는 친척 엘리사벳에게 칭송을 받는다. "행복하십니다. 주님께서 하신 말씀이 이루어지리라고 믿으신 분!"(루카 1,45) 가톨릭 교회는 엘리사벳의 칭송을 이어받아 성모님이 복되신 분이라고 공경한다.

성모 마리아는 구세주를 잉태할 때 보였던 그 믿음과 순종을 계속 견지하였다. 비록 자신이 모든 것을 이해하지 못하는 상황에서도 그랬다. 성모님은 열두 살의 예수님을 예루살렘에서 잃어버렸다가 사흘 만에 다시 찾았을 때, "왜 저를 찾으셨습니까? 저는 제 아버지의 집에 있어야 하는 줄을 모르셨습니까?"(루카 2,49)라는 아들의 대답이 무슨 뜻인지 알아듣지 못했지만, 이 모든 일을 마음속에 간직하셨다(루카 2,50-51). 아들을 다 이해하지는 못했지만, 아들에게 믿음과 신뢰를 보이신 것이다.

요한 복음 2장의 카나의 혼인 잔치에서도 이와 비슷한 일이 일어난다. 성모님이 예수님에게 잔칫집에 포도주가 떨어졌다고 하자 예수님은 이해할 수 없는 대답을 하신다. "여인이시여, 저에게 무엇을 바라십니까? 아직 저의 때가 오지 않았습니다."(요한 2,4) 그럼에도 성모님은 시중드는 사람들에게 "무엇이든지 그가 시키는 대로 하여라"(요한 2,5) 하고 당부하신다. 여기서 성모님은 비록 아들의 말을 이해하지 못했어도 그 아들을 굳건히 믿고 신뢰한 분으로 나타난다. 이런 점에서 성모님은 신앙인의 탁월한 모범이 되신다. 우리는 이해할 수 없는 상황을 만나면 하느님을 원망하고 의심하기 일쑤다. 하지만 성모님은 이런 순간에도 아들에 대한 신뢰를 거두지 않으셨다. 그분은 어떤 상황에서도 하느님을 굳건히 믿고 신뢰하라고 가르쳐 주신다.

예수님에 대한 이런 굳은 신뢰를 간직하셨던 성모님은 아들의 십자가 죽음을 지켜보면서 시메온이 예언한 대로 "영혼이 칼에 꿰찔리는"(루카 2,35) 고통을 당하신다. 믿는 사람들이라면 예수님에 대한 믿음 때문에 고통을 당하거나 목숨을 바친 사람들을 존경심을 갖고 우러러본다. 십자가에 매달린 예수님 곁에서 그분의 고통을 함께 나눈 성모님을 우러러보는 것은 당연한 일이다. 예수님은 돌아가시기 직전에 요한 사도를 통해서 성모님을 우리에게 어머니로 맡기셨다. "이분이 네 어머니시다."(요한 19,27)

하느님은 인간에게 먼저 다가오셔서 큰 자비와 사랑을 전해 주시는데, 인간은 여기에 응답하는 삶을 살아야 한다. 그 응답이란, 대자대비하신 하느님을 믿음으로 받아들여서 어떤 상황에서든 그분 뜻을 따르면서 살려고 노력하는 것이다. 성모님은 하느님 사랑에 전적으로 믿음과 삶으로써 응답하신 분이고, 바로 이 때문에 가톨릭 교회는 성모님을 존경하고 공경한다. 신앙의 길은 혼자가 아니라 함께 가는 것이다. 특히 우리에 앞서 훌륭하게 신앙의 길을 간 성인들의 발자취를 보면서 많은 도움과 힘을 얻는다. 성모님은 아브라함에 못지않은 훌륭한 모범적인 신앙인이기에 가톨릭 교회는 물론 동방 교회도 그분을 존경하고 공경한다.

1517년 종교 개혁을 일으켰던 마르틴 루터는 당시의 과도한 성모 공경을 날카롭게 비판하였지만, 성모님이 믿음과 순종으로 탁월한 모범을 보이셨다는 것은 인정하였다. 그는 성모님이 엘리사벳을 방문할 때 하느님을 찬미한 '마리아의 노래'(루카 1,46-55)에 대한 훌륭한 주석을 남기기까지 했다. 하지만 루터 이후의 개신교에서는 성모 공경이 급속히 사라졌고, 오히려 성모 공경을 하는 가톨릭 교회를 비난하였다. 오늘날도 대부분의 개신교 교단은 성모 공경을 비판적인 시각으로 바라보고 있으며, 특히 성모님께 전구를 청하는 것을 비판하고 있다. 그러나 가톨릭 교회는 성모님께 전구를 청하는 것을 멈추지 않고 계속해 왔다. 무슨 근거로 그렇게 할까?

　카나의 혼인 잔칫집에서 포도주가 떨어져 도움을 청했을 때, 이해할 수 없는 대답을 듣고도 성모님은 아들에 대한 믿음과 신뢰를 거두지 않으셨고, 그것이 실마리가 되어 물이 포도주로 변하는 기적이 일어났다. 가톨릭 교회는 여기에 근거를 두고서 성모님이 우리를 위해 하느님께 필요한 바를 청해서 얻게 해 주실 수 있다고 굳게 믿어 왔다.

　이렇게 가톨릭 교회는 하느님과 그분의 아드님 예수님께 자비를 청하는 것에 그치지 않고, 성모님께 우리를 위해 빌어 달라고 간청한다. 개신교 신자들도 자신들이 어려울 때는 혼자 기도하는 것으로 그치지 않고 목사님이나 믿음이 좋은 동료 신자들에게 기도를 청한다. 가톨릭 신자들이 탁월한 믿음의 여인 마리아에게 기도를 청하는 것도 이와 크게 다르지 않다.

이런 비교에 대해서 '우리는 산 사람에게 기도를 청하지 죽은 이에게 기도를 청하지 않는다'고 반박하는 개신교 신자들도 있다. 그러면서 죽은 사람에게 도움을 청하는 것은 성경이 금하고 있다고 지적한다. 예컨대 레위기에서는 죽은 이와 교섭하는 자 곧 영매나 점쟁이로 나서는 것을 금하고 있으며(레위 20,27), 신명기에서는 주문을 외어 혼령을 부르는 것, 죽은 자에게 문의하는 것도 금지하고 있다는 것이다.

하지만 가톨릭 신자들이 도움을 청하며 기도하는 대상은 죽은 모든 이가 아니라 이미 하느님 품에 든 성인들이다. 성인들에게 도움을 청하는 것은 성경에도 그 근거를 두고 있다. 이를테면 요한 묵시록에는 순교자들이 주님께 청을 드리는 내용이 나온다. "거룩하시고 참되신 주님, 저희가 흘린 피에 대하여 땅의 주민들을 심판하고 복수하시는 것을 언제까지 미루시렵니까?"(6,10) 여기서 순교자들이 주님과 통교하고 있다는 것이 잘 드러난다. 이렇게 성인들은 주님과 가까이 있으면서 그분과 서로 긴밀하게 통교하고 있기에 가톨릭 신자들은 그들에게 기도하면서 도움을 청한다. 또한 요한 묵시록은 천상에 있는 성도들의 기도를 하느님께서 받아들이신다고 증언한다(묵시 8,4).

성모님께 전구를 청하는 것은 결코 성경에 어긋나지 않는다. 다른 한편으로, 가톨릭 신자들이 반성해야 할 점도 있다. 성모 공경이 지나쳐서 마치 성모님을 예수님처럼 여기거나 예수님을 가리는 것처럼 오해받는 경우가 종종 있기 때문이다. 바로 이런 이유에서 제2차 바티칸 공의회는 마리아 공경과 관련해 "어느 모로든 온갖 거짓 과장"을 피하고, "말로든 행동으로든 갈라진 형제들이나 다른 사람들을 교회의 참된 교리에 대하여 오해로 이끌 수 있는 것은 무엇이든 힘써 막아야 한다."(《교회 헌장》 67항)라고 당부하였다.

가톨릭 신자들은 성모님께 기도의 중재를 청하지만, 그 기도를 들어주시는 분은 하느님이시다. 성모님은 여신이 아니다. 그분은 우리와 똑같은 인간으로서, 탁월한 믿음을 통해 구세주의 어머니가 되신 분이다. 그분은 우리에 앞서 우리와 똑같은 조건에서 신앙의 길을 가신 분이고, 아들 때문에 큰 고통도 감수하신 분이다. 하지만 이제는 하느님 곁에 계시면서 모든 은총의 근원인 하느님께 우리를 위해 간청하고 도움을 얻어 주시는 분이다. 그래서 제2차 바티칸 공의회는 이렇게 고백한다. 성모 마리아는 "당신의 모성애로 아직도 나그넷길을 걸으며 위험과 고통을 겪고 있는 당신 아드님의 형제들을 돌보시며 행복한 고향으로 이끌어 주신다."(〈교회 헌장〉 62항) 하느님 나라를 향한 순례의 여정에서 성모님은 든든한 길잡이로서 우리를 인도해 주신다.

제3부

침묵 속에 그리스도의 향기가 나는 사제

사제는 도로 표지판

하느님의 부르심을 받아 그분의 백성인 교회 공동체를 위해 일하는 사제들에게 신자들은 큰 기대를 걸고 많은 요청을 한다. 그 요청을 요약하면 한마디로 그리스도를 닮은 사제가 되어 달라는 것이다. 오래전에 작성된 '평신도가 바라는 사제상'에서 제일 첫자리를 차지하는 것이 '침묵 속에 그리스도의 향기가 나는 사제'다.

그리스도를 닮은 사제를 흔히 착한 목자에 비유한다. 왜냐하면 예수 그리스도께서 자신을 착한 목자에 비유하셨기 때문이다(요한 10,7-16). 예수님께서는 그 당시에 흔히 볼 수 있는 양

치는 목자를 비유로 삼아 말씀하신 것이다. 하지만 오랜 세월이 지나고 예수님과는 다른 문화권에 사는 우리에게 목자라는 직업이 그렇게 가깝게 느껴지지는 않는다. 사제에 대해서 목자 외에 다른 비유가 필요하다고 하겠다. 하나의 시도로 우리 주위에서 흔히 볼 수 있는 도로 안내 표지판에 비유해서 오늘의 사제상을 생각해 본다.

자동차 운전을 하는 사람이면 다 느끼는 바지만, 평소에 자주 다니는 길에 있는 도로 표지판에는 거의 신경을 쓰지 않는다. 그러나 낯선 길을 운전해 갈 때에는 도로 표지판이 아주 유용하고 요긴하다. 우리의 삶에도 이런 표지판이 필요하다. 사람은 자신의 인생을 백지 상태에서 시작할 수는 없다. 어렸을 적에는 부모님의 모습에서, 커 가면서는 선생님이나 존경하는 분의 모습을 통해서 자신이 가야 할 길을 서서히 찾게 된다. 인생에서만이 아니라 신앙생활에서도 이런 표지판이 필요하다. 물론 신앙인에게는 예수 그리스도가 유일하고 영원한 표지판이지만, 그분을 각 시대와 상황에 맞게 드러내 주는 작은 표지판들도 필요하다. 교회 공동체를 이끌어 가는 사제가 바로 이런 작은 표지판의 역할을 해야 한다.

첫째, 도로 표지판은 운전자가 잘 볼 수 있어야 한다. 그러기 위해서는 주위와 잘 구별되는 장소에 세워지고 뚜렷한 색깔로 표시된다. 이와 유사하게 성직자는 일반 사람과는 다른 방식의 삶을 살아간다. 복음 삼덕의 삶, 즉 순명, 청빈, 정결의 삶이 바로 그것이다.

현대인들은 점점 더 자기 자신의 힘과 능력에만 의존하려고 한다. 이에 대해서 사제는 순명의 삶을 통해서 사람은 무엇보다도 하느님 뜻이 이루어지기를 바라야 한다는 것(마태 6,10)을 증거해야 한다. 예수님께서는 철저히 사랑과 봉사의 삶을 사셨는데, 그런 삶의 원동력은 바로 아버지 하느님에 대한 온전한 순명이었다. 사제도 하느님께 온전히 순명할 때 참된 사랑과 봉사의 삶을 살아갈 수 있다.

현대는 갈수록 경제가 우선적인 관심사가 되고, 돈이라면 물불을 가리지 않고 부모와 가족, 인륜과 도덕까지도 저버리는 배금주의가 만연해 간다. 이에 대해서 사제는 사람들의 궁극적인 목표가 돈이 아닌 하느님 나라와 의로움을 찾는 것(마태 6,33)임을 증거하기 위해 청빈의 삶을 살아야 한다. 비록 교구 사제는 수도자와는 달리 청빈 서원을 하지 않지만, 청빈이 의도하는 삶, 곧 재물에 매이지 않는 삶을 살아야 한다. 사제는 많이 갖고도 행복하지 못한 현대인들에게 적게 소유하고서도 만족하고 기쁘게 사는 모습을 보여 주어야 한다.

현대 사회에서는 성(性)이 잡지, 비디오, 영화, 인터넷 등을 통해서 드러나게, 혹은 광고를 통해서 암암리에 우리의 삶을 지배하고, 이로 인해 모든 것을 성적인 시각으로 바라보는 경향이 늘고 있다. 인간의 성은 분명 하느님의 선물이지만, 그것이 절대화되어 우상처럼 숭배되면, 오히려 인간에게 해를 끼친다. 현대 세계의 큰 위험인 성의 우상화를 반대해서 성이 인간 삶의 전부는 아니라는 것을 분명히 선포하는 것이 정결의 삶인 독신 생활이다. 사제는 독신 생활을 통해 남자와 여자가 서로를 성적인 시각이 아니라 형제자매로 대함으로써 하느님 나라(마르 3,35)를 증거한다.

이렇게 사제는 복음 삼덕의 삶을 통해서 자신의 능력과 돈 그리고 성을 우상으로 만들어서 거기에 자신을 묶어 두는 현대인들에게 진정한 자유와 행복이 무엇인지를 명확히 보여 주는 표지판이 되어야 할 것이다.

그런데 가끔씩 흙탕물로 뒤덮여서 제대로 식별이 어려운 표지판을 만나기도 한다. 마찬가지로 사제들도 나태함, 혹은 인간적인 나약 때문에 이런저런 유혹에 떨어져 잘못을 범함으로써 표지판의 역할을 제대로 수행하지 못하는 경우가 있다. 잘 못하고 실수했다면 스스로 그 흙탕물을 닦아 내려고 노력해야 할 것이다. 그러나 다른 사람이 표지판을 깨끗하게 청소하듯이 동료 성직자들이나 신자들의 기도와 도움, 충고에 힘입어서 자신을 오염시킨 잘못과 허물을 닦아 낼 수도 있다.

둘째, 도로 표지판의 본질적인 역할은 방향 제시다. 사제 역시 신자들에게 신앙인이 가야 할 방향을 명확하게 제시해야 한다. 이는 우선적으로 말씀 선포를 통해서 이루어진다. 이 사명을 잘 수행하기 위해서는 부지런히 성경을 묵상하고 연구하는 동시에 사회의 흐름과 변화를 예의 주시해야 한다. 그래야만 복음의 빛에 비추어서 세상사를 주님의 뜻에 맞게 해석하고 설명할 수 있다.

말씀 선포를 통해서 신앙의 방향을 제시하는 사제는 특히 강론을 성실하게 준비해야 한다. 기도와 묵상, 공부를 통해 잘 준비되어 정신을 일깨워 주고 마음을 적셔 주는 강론은 신자들에게 일주일을 살아갈 풍요로운 영적 음식이 된다. 좋은 어머니는 항상 자기 가족에게 영양가 있고 맛있는 음식을 만들어 주려고 노력한다. 그리고 식탁에서 가족들이 누리는 기쁨을 보면서 그동안의 수고를 잊고 자신도 기쁨에 충만하게 된다. 이런 어머니처럼 사제도 신자들에게 풍요로운 영적 양식을 마련할 수 있도록 최선을 다해야 할 것이다. 그 양식을 먹고 힘을 얻는 신자들의 모습은 수고를 잊게 하고 사제직을 보람과 기쁨으로 체험하게 해 줄 것이다.

셋째, 도로 표지판은 밝고 빛나는 색깔로 칠해 놓는다. 왜냐하면 어두운 밤에도 운전자가 표지판을 잘 볼 수 있도록 하기 위해서다. 마찬가지로 사제도 밝고 빛나는 색깔의 삶, 다시 말해서 기쁨의 삶을 살 수 있어야 한다. 그런 삶을 살려면 하느님께 자신과 자신의 미래, 그야말로 모든 것을 맡겨야 한다. 하느님께 모든 것을 맡길 때 자신에 대한 집착, 돈에 대한 욕심, 사람에 대한 애착에서 벗어나게 되고, 그러면 진정 자유롭고 기쁘게 살면서 이웃에게 환한 모습을 보여 줄 수 있다.

경건하고 열심히 산다고 해서, 또는 불의한 세상에 대해서 정의를 부르짖고 실천한다고 해서 늘 침울하고 어두운 얼굴로 살아가서는 곤란하다. 어느 누가 열심히 기도하고 즐겨 희생한다고 하더라도, 항상 심각하고 찡그린 얼굴을 하며 모든 것을 어둡고 부정적으로 본다면, 이 사람은 거의 틀림없이 병든 신앙의 소유자다. 이런 사람은 자신은 물론 주위 사람들을 들들 볶고, 다른 사람들에게 부담과 두려움을 안겨 준다.

빛으로 오신 예수 그리스도께서는 우리에게 복음, 기쁜 소식을 전해 주셨다. 그러므로 그 기쁜 소식을 전하는 사제는 말로써만이 아니라 삶으로 그 기쁨과 평화를 드러내야 할 것이다. 사제는, 인간의 죄와 잘못으로 점점 더 어둠이 짙게 드리워 가는 세상 한가운데서 실망하거나 좌절하지 않고 복음과 희망의 빛을 던져 주는 사람, 그래서 그 빛을 보고서 사람들이 하느님을 찾을 수 있도록 인도하는 사람이 되어야 할 것이다. 사제는 빛이며 희망 자체이신 예수님을 닮아서, 어두운 세상 안에서 작은 빛과 희망의 등대가 되어야 한다.

넷째, 도로 표지판은 굳건히 땅에 박혀 있어야 한다. 마찬가지로 신앙의 표지판인 사제도 기도를 통해서 교회의 기초인 예수 그리스도 안에 영성적으로 깊이 뿌리를 두어야 한다. 예수님 스스로도 식사할 틈도 없이 바쁘시면서도 틈틈이 기도하시고 또 제자들에게 기도하라고 권고하셨다. 만일 예수 그리스도라는 땅에 깊이 뿌리박지 못한다면, 세찬 비바람을 이기지 못하고 넘어지는 표지판처럼 세파에 시달려 쓰러지고 말 것이다. 예수님께 직접 교육을 받은 베드로 사도도 세 번이나 예수님을 배반하는 잘못을 범할 정도로 세상의 저항은 거세다. 그래서 사제는 늘 기도하시던 예수님을 본받아 늘 기도하며 살아야 할 것이다.

　다섯째, 도로 표지판은 단지 목적지를 가리키는 표지판일 뿐 목적지는 아니다. 비유로 말한다면, 표지판은 달을 가리키는 손가락일 뿐 달 자체는 아니다. 마찬가지로 사제 자신도 그리스도를 가리키는 도구일 뿐 그리스도 자신은 아니다. 그러기에 사람들의 시선이 자신에게 매이게 해서는 안 된다. 사제는 자신을 통해서 전해지는 하느님 말씀과 자신이 집전하는 성사에서 힘과 위로를 얻는 신자들을 보는 것으로 만족하면 그만이다. 그들이 얻은 은총은 하느님께서 주시는 것이지 사제 자신이 주는 것이 아니다. 사제는 주인이 아니라 일꾼일 뿐이다. 그러기에 신자들이 반드시 자신을 잘 대우해 주고 받들어 주기를 바라고, 그렇지 않을 때 짜증이나 화를 낸다면 그것은 자기 분수를 모르는 '문제 사제'다. 이런 사제는 복잡하게 그려져서 방향 제시는커녕 혼란만 가중시키는 잘못된 표지판과 같다.

　물론 사람은 다른 사람이 나를 인정해 주고 알아주는 데에서 삶의 보람과 기쁨을 느낀다. 사제도 사람이기에 마찬가지다. 그러나 남의 칭찬과 인정을 받는 데에 집착하거나 명예심에 매이는 것은 금물이다. 우리가 남에게 칭찬받을 만한 일을 하였다면, 이는 하느님의 은총이 먼저 있었기에 그렇게 된 것일 뿐이다. 그러므로 자신의 일을 다하고 나서 "저는 쓸모없는 종입니다. 해야 할 일을 하였을 뿐입니다."(루카 17,10)라고 고백하는 충실한 종이 되어야 할 것이다. 사제들의 모범이신 예수님은 항상 자신보다는 아버지 하느님을 내세우시고, 마지막까지 그분의 뜻이 이루어지기를 간구하셨다(마르 14,36). 이런 예수님을 자주 바라보면서 그분께 도움을 청함으로써만 인간의 마음에 깊숙이 도사리고 있는 명예심에서 조금씩 벗어날 수 있을 것이다.

기존의 가치관이 송두리째 무너져 내리고 혼란이 가중되어서 방황하는 현대인들에게 진정한 삶의 길을 제시하는 표지판이 된다는 것은 결코 쉽지 않은 일이다. 불신과 유혹이 늘어 가는 험한 세상에서 이런 표지판이 되는 것은 물론 표지판으로 머무르는 것도 힘겨운 일이다. 그러나 어렵고 힘겨운 만큼 보람도 크고 많다. 보통이 아닌 역할은 보통을 넘는 수고를 요구하지만, 또한 보통을 넘는 특별한 기쁨과 보람을 준다.

● 〈가톨릭신문〉 2000년 1월 30일

──── **사제는 여행 가이드**

　필자는 2008년 안식년 중에 두 번의 해외 성지 순례를 다녀오는 행운을 누렸다. 한 번은 루르드와 파티마를 포함한 스페인의 성지를 순례하였고, 다른 한 번은 폴란드와 오스트리아, 독일의 성지를 다녀오게 되었다. 순례하면서 가이드가 얼마나 중요한 역할을 하는지를 깨닫게 되었고, 그러면서 사제를 성지 순례 가이드와 비교해서 생각해 보게 되었다.
　좋은 성지 순례 가이드는 자신이 안내하는 성지에 대해 풍부하고 정확한 지식이 있어야 한다. 그런 지식을 바탕으로 성지의 의미와 가치에 대해 잘 설명해 줌으로써 순례자들의 신앙이 깊어지도록 도움을 줄 수 있기 때문이다.

 마찬가지로 사제도 신자들에게 소개해야 할 하느님 아버지, 예수 그리스도, 성령, 교회, 성사, 성모 마리아, 성인들에 대해 정확하고 풍부한 지식이 있어야 하고, 그런 지식을 활용해서 신자들의 신앙이 깊어지고 자라나도록 인도해야 한다. 이를 위해서 사제는 늘 공부해야 한다. 신학교 때에 배운 것은 그야말로 기본일 뿐이다. 꾸준한 공부를 통해서 학창 시절에 배운 것에 새로운 것을 더 보태고, 더 정리하고, 더 다듬어야 할 것이다. 신학교 때와 달리 사목 현장에서는 공부할 시간이 많지 않다. 그래서 스스로 공부할 시간을 만들어야 한다. 현대는 평생 교육의 시대라고 한다. 사제도 여기서 예외가 아니다. 신자들은 항상 공부하는 사제를 보면서 자신들도 공부하는 신앙인이 되고자 할 것이다.

 성지 순례 중에는 식사가 매우 중요한 몫을 차지한다. 금강산도 식후경이라는 말이 있듯이 아무리 유명한 성지라도 우선 잘 먹고 배가 불러야 좋은 것이 눈에 들어온다. 그런데 외국에 나가면 음식과 물이 맞지 않아서 고생하는 사람들이 많다. 유능한 가이드는 이런 사정을 고려해서 식사에 많은 신경을 쓴다. 현지 음식이라고 해도 가능한 한 우리 입맛에 맞게 요리하도록 부탁한다. 한국 음식점이 있으면 거기도 들르고, 한국 음식점이 없으면 중국 음식점이라도 찾아간다. 물론 외국에 가서 한국 음식과 중국 음식만 먹을 수는 없다. 조금 입맛에 맞지 않더라도 그 지방의 특색인 음식도 먹어 보도록 권유하면서 그 지역의 문화도 맛보게 유도한다.

사제 역시 신자들이 영적 양식을 잘 먹을 수 있도록 도와주어야 한다. 한국인에게는 밥이 주식이듯이, 천주교 신자들에게는 하느님 말씀과 성체가 주식이다. 그리스도의 몸인 성체를 영하고, 하느님 말씀인 성경을 듣고 새김으로써 우리의 신앙이 자라나고 튼튼해진다. 그런데 마치 딱딱한 음식과 같이 알아듣기 어려운 성경 말씀이 있다. 성경 내에서도 그런 사실을 인정한다. 베드로의 둘째 서간 3장 16절에 보면, '바오로 사도의 글에는 더러 알아듣기 어려운 것들이 있다'는 말이 나온다. 사제는 신자들이 이런 말씀도 부드러운 음식처럼 잘 받아들일 수 있도록 많은 노력을 기울여서 잘 설명해야 한다. 식구들이 맛있게 먹을 수 있도록 어머니가 늘 열과 성을 다해 음식을 만들 듯 사제에게도 이런 어머니의 마음이 필요하다.

그렇다고 해서 항상 모든 것을 신자들의 입맛에만 맞추라는 뜻은 아니다. 예수님 말씀 중에는 먹기가 버거운 음식처럼 받아들이기가 벅차고 거북한 말씀도 있다. 예를 들면 "너희는 원수를 사랑하여라. 그리고 너희를 박해하는 자들을 위하여 기도하여라."(마태 5,44)라는 말씀과 같은 것이다. 사제는 벅차고 거북한 말씀도 용기 있게 전해야 한다. 사람들의 귀를 즐겁게 하는 달콤한 말이 아니라 좀 쓰더라도 진리의 말씀을 전해야 한다. 우리 시대에는 진리의 말씀보다는 자신의 호기심과 욕망을 충족시키는 말에 더 솔깃해하는 경향이 있기 때문에 이런 사명은 더욱더 중요하다. 사제는 신자들이 듣고 싶어 하는 말보다는 그들에게 반드시 필요한 말씀, 그리스도의 진리의 말씀, '건전한 가르침'을 전해야 한다(2티모 4,3-5).

해외 성지 순례를 하다 보면 이동하는 시간이 많다. 때로는 버스를 타고 몇 시간씩 움직이게 된다. 물론 그 시간에 잠도 자면서 피로를 풀기도 한다. 하지만 한두 시간 자고 나면 잠도 오지 않는다. 이동 시간이 길면 자칫 지루해지기 쉽다. 좋은 가이드는 이 시간을 이용해서 다음 성지에 대한 설명을 하거나, 기도를 하도록 인도한다. 또 기분을 전환하기 위해 가끔 재미있는 이야기도 풀어놓는다. 자신의 체험담이나 농담을 적절히 섞어 피곤으로 지친 순례자들의 몸과 마음을 가볍게 해 준다.

사제 역시 좋은 가이드처럼 기회를 잘 살려서 신자들에게 신앙 지식을 전하기도 하고, 때에 맞게 기도할 수 있도록 인도해야 한다. 또한 신앙 공부와 기도를 따분해하는 사람도 있다는 것을 고려해서 가끔은 이야기보따리도 풀고 유머도 발휘하면 좋을 것이다. 요즘 세상은 너무 재미와 흥미 위주로 흘러서 신앙마저도 자칫하면 재미와 흥미 본위로 나갈 위험이 있다. 이런 위험은 분명히 경계해야 한다. 교리 교육과 미사 강론은 오락 프로그램이 아니기에 항상 재미있을 수는 없다. 하지만 그리스도의 말씀을 좀 더 잘 받아들이도록, 자주는 아니더라도 가끔 적절한 예화와 유머도 필요하다. 마치 음식의 양념처럼 말이다. 그러기 위해서 사제는 세상 돌아가는 모습이나 사람들의 관심사에도 항상 주의를 기울여야 할 것이다. 20세기 프로테스탄트 신학계의 거장인 스위스 출신의 신학자 카를 바르트(†1968)는 사목자들에게 '한 손에는 성경을, 한 손에는 신문을 들고 있으라'는 말을 남겼다. 그리스도의 진리를 전하기 위해서는 세상의 모습도 알아야 한다는 뜻이다.

해외 성지 순례는 보통 이삼십 명이 함께 그룹을 이루어서 하게 되는데, 여기에는 여러 부류의 사람들이 있다. 모두 성지 순례를 통해서 신앙을 새롭게 해 보겠다는 선한 지향을 갖고 오지만, 여행을 하다 보면 각자의 성격과 개성이 드러나게 마련이다. 어떤 이들은 가이드의 설명을 귀담아듣고 스스로 기도하면서 제대로 성지 순례를 한다. 하지만 어떤 이들은 '식사가 시원치 않다', '호텔 잠자리가 불편하다', '함께 방을 쓰는 사람이 싫으니 방을 바꿔 달라', '순례 프로그램이 마음에 안 든다'는 등등의 불평을 한다. 심지어는 '순례를 중단하고 한국으로 돌아가겠다'고 엄포를 놓는 사람도 가끔 있다고 한다. 좋은 가이드는 이런 사람들에게 인내를 갖고 순례를 계속하도록 설득한다. 때로는 이치에 맞지 않게 너무 불평을 늘어놓아 전체 분위기를 망치는 사람에게는 약간의 '압력'을 가해서라도 그 기세를 가라앉히기도 한다. 이렇게 좋은 가이드는 자신에게 맡겨진 순례자들을 다양한 방식으로 인도해서 모두가 성지 순례를 무사히 마치도록 도와준다.

사제 역시 하느님 나라를 향해 순례하는 다양한 신자들을 다양한 방식으로 지혜롭게 도와주어야 할 임무가 있다. 신자답게 성실하게 사는 이들에게는 계속 그렇게 하도록 격려해 주고, 신앙생활에 회의를 느끼거나 성당 다니는 것을 버거워하는 이들에게는 힘과 용기를 북돋아 주어야 한다. 유감스럽게 교회 내에도 사사건건 불평불만을 하면서 신자들 사이에 분란을 일으키는 이들, 심지어는 툭 하면 '성당에 안 다닌다',

'냉담하겠다', '교무금 환불해 달라'고 큰소리치는 이들도 있다. 이런 이들을 상대하기란 결코 쉽지 않다. 하지만 사제는 길 잃은 양을 찾아 나서신 예수님을 본받고 그분의 지혜를 빌려서 이런 이들을 현명한 방법으로 설득해야 한다. 필요하다면 분명하게 경고해서 이런 이들도 함께 하느님 나라를 향해 순례하도록 인도해야 할 것이다.

가이드는 순례자들이 순례를 마치고 만족해하며 집으로 돌아가는 모습을 보면서 보람과 기쁨을 누린다. 어떤 이들은 돌아가면서 가이드에게 진심으로 '수고했다', '고맙다'는 말을 남긴다. 가이드는 자신이 안내했던 이들의 밝은 모습, 고맙다는 말 한마디에 순례 동안의 고생이나 우여곡절이 한순간에 다 사라지고 마음이 뿌듯해질 것이다.

이와 마찬가지로 사제도 자신이 행한 말씀 선포와 성사 거행을 통해서 신자들이 영적으로 성장하는 모습을 보면서 기쁨과 보람을 누린다. 또한 인생 여정을 다 마치고 신앙 안에서 편안하게 하느님의 품에 안기는 신자들을 보면서 가슴 뿌듯함을 느낄 것이다. 사제가 예수님을 닮아 신자들에게 진정 봉사하는 삶을 살려고 노력할 때, 신자들은 사제의 그런 노력을 잘 알아보고 기도로써, 격려와 응원으로써 응답할 것이다.

─── 사제는 험한 세상의 다리

해마다 모든 교구에서 새 사제를 탄생시키는 사제 서품식이 거행된다. 모든 신자는 새 사제들이 예수님을 닮은 착한 목자가 되기를 기도하면서 그들에게 많은 기대를 한다. 나 역시 새 사제들에게 거는 기대가 있다. 새 사제들이 교량, 곧 강의 양편을 이어 주는 다리가 되면 좋겠다. 왜냐하면 그리스도께서 바로 이런 다리 역할을 하셨기 때문이다. 에페소 신자들에게 보낸 서간의 저자는 이렇게 말한다. "그리스도는 우리의 평화이십니다. 그분께서는 당신의 몸으로 유다인과 이민족을 하나로 만드시고 이 둘을 가르는 장벽인 적개심을 허무셨습니다."(2,14) 예수님은 당신의 몸을 송두리째 바쳐, 서로 대립하는 이들을 하나로 잇는 다리가 되셨다. '제2의 그리스도'인 사제도 예수님처럼 자신을 바쳐서 다리가 되어야 할 것이다.

한 본당만 보더라도 각계각층의 사람들이 모여 있다. 많이 가진 사람과 적게 가진 사람, 많이 배운 사람과 덜 배운 사람, 기성세대와 신세대, 여당 사람과 야당 사람, 이 지방 사람과 저 지방 사람, 여자와 남자 등등. 이렇게 각기 다른 사람들을 연결하고 맺어 주는 것이 사제의 직무다. 편견과 오해, 미움 등으로 사람들 사이에 생긴 마음의 골짜기와 강을 이어 주는 다리가 되는 것이 사제의 역할이다. 이는 참을성과 끈기, 확신이 필요한 힘들고 벅찬 일이며, 때로는 오해도 받고 양편에서 욕도 먹겠지만, 큰 보람을 안겨 줄 것이다.

사제는 사람들을 연결하는 다리일 뿐만 아니라 하느님과 사람을 이어 주는 다리이기도 하다. 사제는 신자들이 세상의 거센 물결에 떠내려가지 않고 목적지인 하느님 나라에 무사히 도달할 수 있도록 도와주는 다리가 되어야 한다. 특히 성경에서 과부와 고아로 대표되는, 절망하고 슬퍼하는 사람들을 하느님께 인도하는 든든한 다리가 되면 좋겠다. 〈험한 세상의 다리가 되어Bridge Over Troubled Water〉라는 오래된 팝송처럼 사제는 험한 세상의 다리가 되어야 할 것이다.

다리는 사람들이 안심하고 건널 수 있도록 튼튼해야 한다. 그러기 위해서는 다리 기둥이 강바닥 깊숙이 내려가서 암반 위에 서 있어야만 한다. 이와 마찬가지로 하느님과 사람을 이어 주는 다리, 그리고 사람들 사이를 연결하는 다리인 사제는 자신의 근본을 하느님께 두는, 깊은 영성의 사람이 되어야 한다. 즉 사제라는 다리는 사람을 위해 있고, 사람을 위해 혼신의 노력을 다해야 하겠지만 그 근본은 하느님께 두어야 한다. 인간의 구원을 위해 노심초사하시면서 식사도 거르고 일을 하셨던 예수님은 이른 새벽이나 밤늦게 혼자 기도하셨다. 예수님이 인간을 위해 수고하시고 고난과 죽음까지 감수하실 수 있었던 것은 바로 하느님 아버지께 깊이 뿌리를 두셨기 때문이다. 사제 역시 예수님처럼 하느님께 자신의 뿌리를 두어야 험한 세상의 다리가 될 수 있다.

다리는 상판과 다른 구조물이 잘 연결되어서 흔들거림이 없어야 한다. 다리의 철골 구조물이 견고하게 접합되도록 용접을 잘해야 하듯이 사제도 사람 사이를 견고하게 이어 주는 '인간 용접'을 잘해야 한다. 즉 사람들 사이를 지혜롭게 잘 연결해야 한다. 그러기 위해서는 여러 사람의 의견을 편견 없이 듣는 열린 귀, 다른 사람의 생각도 수용할 줄 아는 넓은 마음이 필요하다. 자신의 견해와 취향만을 제일로 여겨서 무조건 관철하려 고집을 부릴 것이 아니라 먼저 마음을 열고 들어야 할 것이다. 이렇게 사제는 하느님의 말씀을 듣는 사람인 동시에 사람들의 말도 듣는 사람이어야 한다. 그렇게 될 때 서로 대립되는 의견에서 공통점을 발견하고, 상대방의 상이한 점을 서로 이해하고 받아들일 수 있도록 신자들을 인도할 수 있다.

'인간 용접'을 잘하려면, 말과 행동으로 신자들에게 상처를 주지 않도록 조심해야 한다. 사제의 말 한마디, 행동 하나는 신자들에게 큰 영향을 미친다. 특히 함부로 반말을 하지 말아야 한다. 잘못된 말과 행동은 철골 구조물의 이음새에 생기는 녹과 같아서 인간관계에 큰 해를 끼친다. 이렇게 사제가 다른 이들의 말을 귀 기울여 듣고, 예의에 어긋나지 않는 말과 행동을 할 때 서로 다른 사람들을 하느님의 뜻 안에서 잘 연결시킬 수 있을 것이다.

다리는 처음에 아무리 튼튼하게 지었다 해도 계속 관리를 하지 않으면 망가지게 된다. 이와 마찬가지로 사제는 계속해서 자신을 돌보고 관리해야 한다. 기도와 묵상과 공부를 통해서 자신을 관리하지 않으면, 1994년 10월에 성수대교가 붕괴된 것처럼 무너질 수도 있다. 그러면 신자들이 마음에 깊은 상처를 입고 신앙마저 저버리는 경우가 생기게 된다. 그런 사제는 나중에 하느님 앞에 서게 되면 엄한 꾸지람을 들을 것이다.

현대는 무한 경쟁의 시대라고 한다. 치열한 경쟁에서 이겨야만 살아남을 수 있는 세상이 되어 버렸다. 그 경쟁은 사회에서만이 아니라 학교에서부터 시작된다. 한 학급에서 대학에 진학하기를 원하는 학생들은 서로가 서로에게 경쟁자가 된다. 경쟁 때문에 사람들은 자신의 내면을 잘 드러내지 않고, 상대방의 약점을 찾아내어 이길 기회만 찾는다. 서로가 서로에게 경쟁자이고 그래서 믿을 수 없게 된 사회는 사람이 살 만한 사회가 아니다. 많은 이들이 이런 사회에 염증을 느끼면서도 탈출구를 찾지 못한다. 그래서 교회의 문을 두드리고 들어와서 뭔가 질적으로 다른 것을 찾는다. 교회는 길 잃은 양과 같은 현대인들에게 진정으로 마음을 터놓고 함께 살 수 있는 따뜻한 공동체가 되면 좋겠다. 그런 공동체가 되기 위해서는 교회의 지도자인 사제가 사람과 사람 사이의 벽을 허물고 서로를 이어 주는 다리가 되어야 한다. 동시에 이 사람들을 하느님께 연결해 주는 다리가 되어야 한다. 사제가 그리스도를 닮아 이렇게 다리가 된다면, 어려움도 많겠지만, 많은 보람과 기쁨을 선물로 얻게 될 것이다. 이제 막 사제의 길로 들어서는 새 사제들과 다른 모든 사제들이 '험한 세상의 다리'가 될 수 있도록 우리 신자들이 마음을 모아 간절히 기도해 주면 좋겠다.

● 《말씀지기》 2008년 7월

내 친구 봉경종 신부

사제들에게는 동창 신부들이 든든한 동료로서 서로 힘이 되고 위로가 되어 준다. 가끔 의견 차이로 얼굴을 붉히고 목청을 높이기는 한다. 사제들도 천사가 아닌 이상 서로 간에 의견 차이가 있게 마련이고, 이것이 갈등으로 옮겨 갈 수도 있다. 하지만 다행히 이런 긴장과 갈등은 오래가지 않는다. 흉금을 털어놓고 얘기하면서 함께 기쁨과 고민을 나누기에는 동창 신부가 제일이다. 그렇기 때문에 동창 신부가 중간에 길을 바꾸면 참으로 허탈해지고, 먼저 세상을 떠나면 큰 슬픔에 젖게 된다.

1999년 9월 1일, 소신학교 때부터 동창이며 친구인 봉경종(세자 요한) 신부가 일 년여에 걸친 백혈병과의 투병 끝에 세상을 떠났다. 자신의 기량을 막 펼쳐 가던 45세의 나이였다. 삼형제 중에 차남인 봉 신부는 7년 전 형님을 간암으로 먼저 보냈는데, 이제 그 자신이 연로하신 부모님과 동생 신부를 남겨 두고 가야만 했다. 그래서 그의 죽음은 많은 아쉬움과 큰 슬픔을 안겨 주었다. 하지만 그는 중요한 사실을 우리에게 가르쳐 주고 하느님 곁으로 갔다.

　봉 신부는 여의도와 강남 성모병원(현재의 서울성모병원)에서 10년 가까이 열심히 일해 왔다. 신부가 본당을 떠나서 자신이 배운 것과는 상관없는 병원 운영에 종사한다는 것은 쉬운 일이 아니었지만, 그 친구는 의욕을 갖고 활발하게 일을 했다. 그런 그가 항상 대견하고 든든했다. 그런데 가톨릭 중앙의료원 관리실장으로 일하던 중 1998년 8월말 급성 백혈병에 걸렸다. 백혈병에 걸리면 치유가 어렵다는 것은 다 아는 사실이지만, 그래도 백혈병에 관해서는 여의도성모병원이 국내 최고라고 해서 애써 희망을 가졌다. 봉 신부는 자신과 맞는 타인의 골수를 찾지 못해서 자가 골수 이식을 했다. 처음엔 건강이 회복되는 듯 보였다. 그 친구가 세상 떠나기 일 년 전인 1998년 10월 한 마음 수련장에서 교구 피정 중에 그곳에서 요양하는 그를 두어 차례 만나 한 시간가량 수련장 주위를 같이 산보하기도 했다. 그때만 해도 그가 건강을 회복할 수도 있겠구나 하고 낙관적으로 생각했었다.

그런데 봉 신부는 1999년 6월 중순에 자가골수이식이 실패했다는 판정을 받았다. 동창 신부 몇이서 2차 수술을 준비하기 위해 입원해 있던 그를 찾았을 때, 그가 낙담하며 괴로워하는 것을 지켜보아야 했다. 모든 것이 무너져 내리고, 하느님 · 예수님조차도 무의미하게 느껴진다는 그의 말을 들으면서 어떤 위로의 말도 찾을 수가 없었다. 그래도 봉 신부는 희망을 잃지 않으려고 애를 썼다. 6월 22일자 그의 병상 일기에는 이렇게 적혀 있다.

"다시 시작하는 것이다. 마음의 준비를 하고 말고 할 여유가 없이, 어쩔 수 없는 선택이다. 아니, 선택의 여지가 있는 것도 아니다. 한 번밖에 남지 않은 기회다. 아니 한 번 더 주어진 기회다. 한 번도 못해 보는 사람들보다 얼마나 큰 기회이고 축복인가! 모든 것을 믿음으로 하느님께 맡기고 시작하는 것이다. 믿음으로, 믿음으로, 믿음으로……."

봉 신부는 그의 표현대로 "삭막한 광야와 같은 무균실"에서

"메마르고 지칠 대로 지친 채"(6월 24일 병상 일기) 오직 하느님께 의탁하며 외롭게 병마와 싸웠다. 의료진의 적극적인 노력에도 불구하고 병세는 급속도로 악화되었다. 급기야 8월 14일에 그는 병원에서의 치료를 중단하고 자신의 숙소인 강남성모병원 사제관으로 돌아갔다. 숙소로 돌아가기 전에 병원에서 본 그의 모습은 너무도 초췌했다. 평소에도 간이 좋지 않았는데, 백혈병 때문에 걸린 폐렴을 치료하다가 간이 다 망가졌다. 그래서 눈에는 황달이 오고 복수가 차서 배가 불룩했다. 방사선 치료 때문에 머리카락은 다 빠져서 민둥머리가 됐고……. 생명이 급속히 빠져나가 죽음의 그림자로 뒤덮인 몸이었다. 도저히 회생할 가능성이 없어 보였다. 나는 뭔가 위로의 말을 찾다가 "마음 독하게 먹고 견뎌 봐."라는 어설픈 말을 남기고 병실을 나와야 했다.

봉 신부는 자신의 숙소에서 며칠 쉰 다음에 다시 입원을 준비했다. 그의 동생 신부는 형에게 하기 어려운 말을 해야 했다. 이젠 가망이 없으니 다시 입원하지 말고 죽음을 준비하는 것이 좋겠다고. 이 말을 듣고 봉 신부는 더 이상 의료진에게 수고를 끼칠 것 없이 자신의 숙소에서 죽음을 맞이하겠다고 말했단다. 그날 8월 19일 일기에 다음과 같은 내용을 적어 놓았다.

"이제부터 봉헌이다. 새로운 삶으로 가기 위한 봉헌을 잘 준비하자. 주님, 저를 온전히 받아 주십시오. 앞으로 호스피스 케어를 받는 데 함께 도와주십시오. 당신을 향한 마음, 최후까지 흩어지지 않게 하여 주십시오. 아멘."

이것으로 4월부터 계속 써 왔던 그의 병상 일기는 끝이 난다. 그는 일기의 마지막을 "아멘."으로 맺고 있다. 하느님께서 주시는 운명이 비록 자신의 이해를 넘어서고 받아들이기 힘들지만, 그래도 순종하며 받아들이겠다는 결연한 의지가 엿보이는 말이다.

물론 이렇게 되기까지 분명 쉽지 않았을 것이다. 과연 누가 한창 왕성하게 일할 나이에 갑자기 찾아든 죽음의 손길을 순순히 받아들일 수 있을까? '왜 이 나이에 죽어야 합니까?', '당신 뜻에 어긋나지 않는다면 살려 주십시오. 아직 부모님이 살아 계시는데…….' 아마도 그는 하느님께 이런 원망과 탄원을 수없이 드렸을 것이다. 실제로 그의 병상 일기(6월 1일)에 보면 "주님, 부모님보다는 오래 살게 해 주세요."라는 구절이 나온다. 형님을 앞세우고 맏아들 노릇을 하던 그가 늙으신 부모님께 이루 말할 수 없는 아픔을 안겨 드리고 떠나야 한다는 것이 무척이나 괴로웠을 것이다.

죽음을 준비하는 호스피스 케어를 받던 봉 신부는 마침내 9월 1일 아침 일찍부터 임종의 기미를 보였다. 동생 신부는 이미 말은 할 수 없고 겨우 듣기만 하는 형에게 여러 번 당부했단다. "형, 하느님이 부르시면 '예.' 하고 기쁘게 가." 오후 1시 50분에 가빠졌던 호흡이 차차 잦아들면서 최후의 순간이 다가왔다. 그리고 봉 신부는 마지막 숨을 길게 내쉬면서 "예." 하는 응답을 하고 세상을 떠났다. 임종을 지켜본 동생 신부의 이 얘기를 들으면서, 나의 친구 봉 신부는 아주 사제답게 세상을 떠났구나, 정말 아름답게 마지막 순간을 맞이했구나 하는 생각을 했다. 그는 죽음을 준비하라는 동생 신부의 권고를 듣고서 자신의 남은 생명을 하느님께 봉헌하기로 결심했고, 이것을 마지막 숨을 내쉬기까지 지켰던 것이다. 그런 그가 무척 자랑스럽고 고맙기까지 하다.

하느님은 병마와 투쟁하는 봉 신부를 홀로 버려두지 않으셨다. 힘겨워하는 그를 옆에서 보이지 않게 지켜 주시고 잡아 주셨다. 마지막 순간에는 하느님께서 당신 손을 봉 신부에게 내미셨고, 봉 신부는 그 손을 잡고 죽음의 골짜기를 건너서 더 이상 백혈병도, 무균실도, 방사선 치료도, 고통도, 슬픔도, 눈물도 없는 곳으로 갔다. 하느님께서 친히 그의 눈에서 눈물을 씻어 주시고 그의 아픈 몸과 마음을 어루만져 온전히 고쳐 주셨을 것이다.

이제 나의 친구 봉 신부는 달릴 길을 다 달려 목적지에 이르러서 하느님과 함께 영원한 행복을 누리고 있다. 하지만 인간적인 마음에서는 그가 떠난 것이 참으로 아쉽다. 한동안 그의 빈자리가 허전하게 느껴지고 그의 활달한 모습이 그리울 것이다. 그렇지만 믿음의 눈을 들어 하늘을 쳐다보며 희망을 갖는다. 언젠가는 내 친구 요한이를 그가 가 있는 곳에서 반갑게 다시 만날 수 있다는 희망 말이다.

그는 갔지만, 그가 나에게 남긴 아름다운 임종은 오랫동안 기억 속에서 향기롭게 남아 있을 것이다. 그는 하느님께 자신의 모든 것, 병고와 죽음까지도 봉헌하며 살다 가는 것이 얼마나 아름다운 삶인가를 생생하게 깨우쳐 주고 갔다. 나 역시 그처럼 모든 것을 하느님께 봉헌하면서 마지막 순간을 맞이하고 싶다. 물론 그러기 위해서는 평소에 열심히 살아야겠지. 사람은 살아온 것처럼 죽는다고 하지 않는가? 머리빗으로 헝클어진 머리카락을 가다듬듯이 그의 죽음은 나의 삶을 가지런히 정리하도록 도와줄 것이다.

봉 신부는 여의도성모병원에 근무할 때 백혈병 치료와 연구를 전문적으로 할 수 있도록 기틀을 마련했다. 그리고 바로 그 곳에서 치료를 받았지만, 치유되지 못하고 세상을 떠났다. 봉 신부는 병상에서, 자신이 살아난다면 백혈병 치료에 전적으로 헌신하겠다고 다짐했단다. 또 자신의 죽음이 백혈병 치료에 절대적으로 필요한 조혈 모세포 기증 운동에 도움이 되기를 바랐단다. 그는 죽었지만, 그의 유지가 잊히지 않기를 바란다. '그 무서운 백혈병 때문에 슬퍼하고 눈물을 흘리는 일이 줄어 들었으면 좋겠다'고 봉 신부는 살아남은 우리에게 말없이 호소한다.

● 《생활성서》 1999년 11월

───── **부활을 체험하다!**

몇 년 전, 월간지 편집자에게서 부활 체험에 대해 써 달라는 원고 청탁을 받은 적이 있었다. 얼떨결에 청탁을 수락해 놓고 막상 글을 쓰자니 막막한 생각이 들었다. 부활은 죽음을 전제로 하는 것인데, 죽어 보지도 않고 어떻게 부활에 대해 이야기할 수 있을까? 이런저런 궁리 끝에 죽음은 꼭 육체적인 생명의 종결만을 의미하지 않는다는 점에서 생각의 실마리를 찾게 되었다.

본래 죽음은 숨이 끊어지고 육체적 활동이 중단된 상태를 말한다. 하지만 일상생활에서 다른 차원의 죽음, 이를테면 정신적, 영적인 죽음도 있다. 모든 희망을 잃고 아무런 의욕도 없이 무감각하게 지낸다면, 혹은 마음에 큰 상처를 입고서 미움과 증오 속에서 산다면, 이는 정신적인 죽음이라고 하겠다. 또는 많은 잘못을 범하고서 하느님과 이웃을 향한 마음의 문을 닫아걸고 자신 안에 고립되어 산다면 이는 일종의 영적인 죽음이다.

만일 이런 정신적 · 영적 죽음을 극복하고 다시 새롭게 살게 됐다면, 이미 이 세상에서 부활을 체험했다고 할 수 있다. 물론 이런 부활은 세상 종말에 있을 궁극적인 부활과 같은 차원이 아니라 '우리의 비천한 몸이 그리스도의 영광스러운 몸과 같은 형상으로 변화'(필리 3,21 참조)되는 본래적인 부활을 미리 조금 맛보는 것일 뿐이다. 하지만 일상생활에서의 '작은 부활' 체험을 통해 마지막 날에 있게 될 궁극적인 부활을 어렴풋하게나마 추측하면서, 그 마지막 날을 두려움이 아닌 희망으로 기다릴 수 있지 않을까?

내가 경험한 '작은 부활'에 대해 몇 가지 소개해 본다.

바오로 사도는, 하느님은 "죽은 이들을 살리시고 존재하지 않은 것을 존재하도록 불러내시는"(로마 4,17) 분이라고 고백하면서 그리스도의 부활을 하느님의 창조 사업과 연관시켜서 설명하였다. 즉 부활은 무無에서 유有를 불러내시는 전능하신 창조주 하느님의 새로운 창조 행동이라는 것이다. 죽음은 모든 것을 무로 돌리는 세력으로서, 예수님과 그분의 사명 전체를 무로 돌리려고 했지만, 하느님은 예수님을 부활시키심으로써 죽음의 세력을 꺾으셨다. 오늘날 우리의 삶 속에서 모든 것을 무로 돌리려는 죽음의 세력이 여기저기에서 도사리고 있어 우리를 괴롭힌다. 하지만 예수님을 죽음에서 부활시키신 능력의 하느님은 이런 죽음과 무의 세력에 맞서 싸우신다. 바꾸어 말하면 죽음과 무의 세력이 극복된 곳에서 우리는 '작은 부활'을 체험하게 된다.

오래전 내가 유럽 유학 시절에 겪은 일이다. 10년 유학 생활의 마지막 2년 7개월의 시간은 남자 수도원에서 머물며 지냈다. 별일이 없는 한 수도원의 일과표에 따라 그곳 수도회원들과 성무일도와 미사, 식사를 함께하였다. 그러다 보니 자연히 그곳 수사 신부들과 수련자들과도 친해져서 공부에도 도움을 받고 서로 농담까지 나누는 사이가 되었다.

그런데 어느 날 그동안 비교적 친하게 지내던 수사 신부가 나와 이야기를 나누다가 내 독일어 발음이 잘못됐다고 지적해 주었다. '네가 독일어를 한 지가 벌써 몇 년이 되었는데, 그런 것도 틀리느냐'는 말이 약간의 비웃음이 담긴 지적처럼 들렸다. 그 순간 모욕을 당했다는 느낌과 함께 그 신부에 대한 미운 감정이 솟아올랐다. 그런데 문제는 그 미운 감정이 시간이 지나도 사라지기는커녕 점점 더 강해지는 것이었다. 너그러울 때에는 온 세상을 다 받아들일 듯이 하다가도 옹졸해지면 바늘 하나 꽂을 자리도 없는 것이 마음이라는 어느 선승의 말을 절감하게 되었다. 그 신부와 대화는 물론 시선조차도 마주치기가 싫었다. 작은 일에 내가 이래서는 안 되지 하면서 마음을 다잡고 기도 중에 하느님께 도움을 청해도 별반 달라지지 않았다. 한집 안에서 매일 마주치는 사람에 대해 미운 감정을 갖고 살자니 우선 내가 불편해서 견디기 어려웠다.

  그러던 어느 날 수도원 아침 미사 때 그 신부도 함께 참석한 가운데 하느님께 간절히 청했다. '하느님, 제 힘으로는 도저히 안 되니 이제는 당신이 어떻게 좀 해 주십시오.' 나도 어찌지 못하는 내 마음을 하느님께 봉헌한다는 심정으로 그렇게 했다. 신기하게도 이 미사 후에 그 신부에 대한 미운 감정이 눈 녹듯이 사라졌고, 다시 평소처럼 그와 대화도 하고 농담도 할 수 있게 되었다.

이렇게 거의 단절되다시피 한 인간관계가 다시 이어지는 체험을 통해서 소박하게나마 부활이 무엇인지를 느낄 수 있었다. 죽음은 모든 것을 무로 돌리는 세력이고, 돈독했던 인간관계가 끊어진 곳에는 분명히 죽음의 세력이 활동한다고 하겠다. 그런데 단절된 인간관계가 다시 이어졌다면, 모든 것을 무로 돌리는 죽음의 세력이 극복된 것이고, 바로 여기서 죽음을 넘어선 부활이 시작되었다고 말할 수 있는 것이다.

부활하신 예수님은 베드로에게 나타나시어 그에게 당신의 양 떼를 맡기시고(요한 21,1-17), 다른 제자들에게도 나타나시어 그들에게 평화를 기원하신다(요한 20,19-21). 그분은 위기의 순간에 당신을 버리고 줄행랑쳤던 제자들을 용서하시고 다시 불러 당신의 사도로 삼으신 것이다. 이렇게 부활하신 주님과의 만남을 통해서 제자들은 스승을 저버린 잘못을 용서받고 더 이상 두려움 없이 용감하게 복음을 선포하는 사람들로 바뀌게 되었다. 부활하신 예수님으로 인해서 제자들은 과거의 허물을 벗어 버리고 새로운 삶을 살아가게 되었던 것이다. 그래서 오늘날도 용서를 통해서 죄에 물든 과거를 청산하고 새롭게 태어난 사람에게서 부활하신 분의 손길을 감지할 수 있다고 하겠다.

사제품을 받고 발령받기 전, 나의 소속 본당에서 잠시 머물 때의 일이다. 어느 평일에 아침 미사를 마치고 주임·보좌 신부님과 함께 아침 식사를 막 끝내려는데 현관 앞에 누가 와 있었다. 축 처진 어깨에 얼굴도 제대로 못 들고 기어들어 가는 목소리로 고해성사를 보고 싶다고 했다. 타 본당 신자인 듯했고, 아무래도 사연이 많은 사람처럼 보였다. 주임 신부님은 새 신부인 내가 시간적 여유가 있으니 고해성사를 주는 것이 좋겠다고 하셨다. 그래서 면담실로 그 신자를 데리고 가서 성사를 주게 되었는데, 과연 예상대로 사연이 길었다. 거의 두 시간에 걸쳐서 성사를 주고서 나오니 점심 식사 때가 다 되었다.

그 신자는 고해성사 보러 올 때 그 침울하고 어두운 표정에서 벗어나 밝은 얼굴을 하고 날아갈 듯 가벼운 발걸음으로 돌아갔다. 죄의 굴레와 짐을 벗어 버리고 홀가분한 모습으로 떠나가는 그 신자를 보면서 고해성사를 통해 선사되는 용서의 은총이 얼마나 큰 힘이 있는지를 피부로 느낄 수 있었다. 시간이 흐르면서 내가 일종의 '작은 부활'을 경험했다는 것을 확신할 수 있었다. 왜냐하면 예수님의 부활을 통해서 죽음의 세력만이 아니라 죄의 세력도 그 예봉銳鋒이 꺾였고, 따라서 죄가 극복되어 새로운 삶이 시작되는 곳에서는 이미 부활이 시작되기 때문이다. 사제 생활의 큰 보람 중의 하나가 바로 고해성사 집전을 통해서 무수한 사람들에게 일어나는 '작은 부활'의 목격 증인이 되는 것이다.

　루카 복음 24장 13절에서 35절이 전하는 엠마오로 가는 두 제자들은 자칫하면 예수님에 대한 믿음을 잃을 뻔했다. 그들은 예수님이야말로 이스라엘 백성이 오랫동안 고대하던 메시아라고 철석같이 믿고 그분께 희망을 걸었다. 그런데 그분이 너무도 허망하게 십자가에 못 박혀 돌아가시는 것을 보고 크나큰 실망과 좌절에 빠져 고향으로 돌아가는 길이었다. 하지만 길에서 나그네 한 사람을 만나 그가 깨우쳐 주는 말씀을 듣자 마음이 열리고 뜨거운 감동을 느끼게 된다. 마침내 두 제자는 자신들의 목적지인 엠마오에 도착해서 집에 들어가 그 나그네와 빵을 나눌 때 비로소 눈이 열려 그가 바로 부활하신 주님임을 알게 된다. 그들은 예루살렘으로 되돌아가 다른 제자들에게 부활 소식을 전한다.
　이렇게 엠마오로 가던 두 제자는 나그네의 모습으로 다가오신 부활하신 분을 만나 그분의 말씀을 듣고, 그분과 빵을 나눔으로써 그분에 대한 신앙을 되찾게 되었다. 오늘날도 미지근한 신앙생활 혹은 냉담 상태에 있다가 성경 말씀과 성사를 통해서 주님에 대한 신앙을 회복하는 사람들에게서 부활하신 주님이 함께하셨다고 말할 수 있다.

필자는 서울대교구 소속 가톨릭 청년 성서 모임의 연수 지도를 하면서 말씀과 성사를 통해서 신앙이 활성화되는 '작은 부활'을 체험할 기회가 여러 번 있었다. 3박 4일 동안의 성서 연수를 통해서 적지 않은 청년들은 엠마오로 가던 두 제자와 유사하게 신앙에 활력을 얻는다. 두 제자들이 자신들의 마음을 붙잡고 있던 실망과 좌절을 솔직하게 털어놓았듯이, 연수생들은 그룹 나눔에서 자신들의 마음속에 무겁게 자리 잡고 있는 고민거리를 털어놓고 서로 나누게 된다. 또한 두 제자가 서로 이야기를 나눌 때 나그네가 다가와 성경 말씀에 비추어서 그들의 고민거리를 설명해 줄 때 마음이 뜨거워졌듯이, 연수생들은 강의 중에 성서 해설을 들으면서, 공동 기도 시간에 다른 연수생들의 기도를 들으면서, 또는 자신의 고민거리를 하느님 말씀 안에서 다시 생각하면서 마음이 열리고 뜨거워진다.

성경 말씀을 통해서 마음이 뜨거워진 두 제자는 그들과 함께하였던 낯선 나그네가 빵을 나누어 줄 때,(루카 복음에서 빵을 나눈다는 것은 성찬례를 암시한다.) 주님을 알아 뵙게 된다. 이와 마찬가지로 성경 말씀을 통해 마음이 열린 연수생들도 미사 중에 주님을 강하게 체험하게 된다. 또한 연수 중에 이루어지는 고해성사를 통해서 용서하시는 하느님을 가깝게 체험하고, 마지막 날 저녁 미사 중에, 특히 평소와는 다른 방식으로 나누는 평화의 인사를 통해서 가까이 계시면서 우리의 모든 것을 받아 주시는 하느님을 강렬하게 체험하게 된다. 이렇게 강렬한 체험을 하게 된 연수생들 중에서 적지 않은 이들이 자신들이 부족하다는 것을 알면서도 본당이나 대학에서 성서 모임을 조성하여 하느님 말씀을 전한다. 이는 부활하신 주님을 체험한 두 제자가 실망과 고통을 안겨 준 예루살렘으로 다시 돌아가 주님의 부활을 선포한 것과 크게 다르지 않다고 하겠다.

엠마오로 가던 두 제자의 이야기는 오늘날도 여기저기에서 계속된다. 필자는 가톨릭 청년 성서 모임의 연수를 통해서 이 이야기가 계속되는 것을 보았다. 거기서 미지근한 신앙, 식었던 신앙이 놀랍게 다시 살아나는 것을 보면서 '작은 부활'을 거듭 체험한다는 것을 고백하지 않을 수 없다.

예수님의 부활은 단지 예수님 한 분에게만 일어난 신비한 기적으로 그치지 않는다. 성경은 제자들이 부활하신 주님을 만나고 나서 새롭게 변화되었다고 전한다. 제자들은 이 만남을 통해서 과거의 자신을 버리고 새로운 자아를 얻게 된 것이다. 이런 의미에서 예수님의 부활은 제자들의 부활로, 그리고 오늘 우리의 '작은 부활'로 이어진다고 하겠다. '작은 부활'을 체험하는 이들은 세상 마지막 날에 있을 궁극적인 부활을 확신하고 선포할 수 있을 것이다.

● 《사목》 2004년 4월

제 4부

마음의 환경 보호

직업을 성직으로 여긴다

성소聖召, 즉 하느님의 부르심이라고 하면 대개는 사제 성소와 수도 성소를 생각한다. 하느님의 부르심을 받아 사제가 되면 하느님 백성에게 봉사하기 위한 소명을 받고, 수도자가 되면 복음 삼덕(청빈, 정결, 순명)의 생활로 세상에서 하느님을 증거하는 소명을 받는다. 하지만 사제나 수도자만이 하느님의 부르심을 받았다고 할 수 없다. 사람으로 태어나는 것, 세례를 받아 그리스도 신자가 되는 것, 그것 또한 하느님의 부르심이다.

사람으로 태어났다는 사실 하나만으로도 이미 하느님으로

부터 부르심을 받은 것이다. 다시 말하면 사람은 하느님의 사랑으로 태어났고, 그렇기 때문에 하느님에게서 부르심을 받았다고 할 수 있다. 지혜서의 저자는 주님에 대해 이렇게 말한다. "당신께서는 존재하는 모든 것을 사랑하시며 당신께서 만드신 것을 하나도 혐오하지 않으십니다. 당신께서 지어 내신 것을 싫어하실 리가 없기 때문입니다. 당신께서 원하지 않으셨다면 무엇이 존속할 수 있었으며 당신께서 부르지 않으셨다면 무엇이 그대로 유지될 수 있었겠습니까? 생명을 사랑하시는 주님 모든 것이 당신의 것이기에 당신께서는 모두 소중히 여기십니다."(지혜 11,24-26)

인간은 누구나 하느님의 부르심을 받아 그분의 사랑 속에 태어나서 그분의 보살핌을 받으면서 살아간다. 이렇게 하느님의 사랑을 받으며 태어난 인간은 우선 자기 자신을 사랑하고 긍정적으로 받아들여야 하는 소명을 지닌다. 흔히 자신을 사랑하는 것은 누구나 자연적으로 할 수 있는 일이라고 생각하지만, 실상은 그렇지가 않다. 물론 사람은 모두 나소 자기중심적인 성향이 있어서 자신을 위하면서 살아간다. 하지만 자기 자신을 마음에 들어 하지 않고 탐탁지 않게 여길 때도 많다. 왜냐하면 자신의 기대치에 실제 자신의 모습이 못 미치기 때문에, 혹은 남과 비교하면서 자신이 부족하다고 생각하기 때문이다. '왜 나는 공부를 못할까? 나는 왜 딴 사람처럼 좋은 집안에서 태어나지 못했을까? 나는 왜 저 사람처럼 잘생기지 못했나? 날씬해지고 싶은데, 왜 이리 뚱뚱한가? 내 성격은 왜 이렇게 모가 났을까? 난 왜 사람들과 잘 어울리지 못할까? 왜 나는 남들처럼 눈에 띄는 재주가 없을까?' 하고 불만을 갖고 열등감에 빠지는 이들이 적지 않다.

어떻게 하면 이런 불만과 열등감에서 벗어날 수 있을까? 인간 모두를 사랑하시는 하느님께서는 사람들 각자에게 다른 이가 갖지 못한 좋은 점, 독특한 점 하나 정도는 다 주셨다는 것을 알아야 한다. 그래서 부질없이 다른 사람과 비교하는 데에 시간과 신경을 쏟지 말고 먼저 하느님이 나에게 선물로 주신 좋은 점이 무엇인지, 나의 특성과 재능이 무엇인지를 찾아서 계발해야 한다.

우리가 죽은 다음에 하느님을 뵙게 되면, 그분은 '너는 왜 아무개처럼 훌륭한 사람이 되지 못했느냐, 누구처럼 유능한 사람이 되지 못했느냐'고 묻지 않으실 것이다. 그 대신에 "바오로야, 너는 과연 네가 되었느냐? 내가 네게 준 것을 제대로 살렸느냐, 마리아야, 너는 고유한 너 자신이 되어 살았느냐?" 하고 물으실 것이다.

장미꽃은 그 아름다움으로 모든 이에게 기쁨을 준다. 장미꽃에 비해 호박꽃은 꽃도 아니라고 할 만큼 못난 꽃이다. 하지만 호박이라는 열매를 맺어서 인간에게 준다. 꽃만 아니라 사람에게도 그 사람에게만 있는 고유함과 특성이 있다. 다양한 꽃들이 어우러져서 아름다운 화단을 이루듯 다양한 사람들이 어우러져서 아름다운 세상을 이루는 것이다. 그러므로 사람은 각자 자신만의 고유함을 찾아서 가꾸어야 한다.

자신의 고유함을 발견해서 사랑할 줄 아는 사람은 괜히 이 사람 저 사람 기웃거리면서 샘내거나 질투하지 않을 뿐만 아니라 마음의 여유와 넉넉함을 갖게 된다. 반면 자신의 고유함을 찾지 못한 사람일수록 다른 이와 자신을 비교하면서 질투와 시기도 많이 하고, 심하면 자기 자신을 학대하고 괴롭히기까지 한다. 인간으로 태어난 이상, 하느님께서 나에게만 심어주신 '꽃씨'가 무엇인지를 찾아서 아름답게 키워야 할 것이다.

2001년 3월, 서울 홍제동 연립 주택 화재 현장에서 진화 작업을 하던 소방관들이 한꺼번에 순직한 일이 있었다. 그중 한 사람이 죽기 전에 쓴 편지에는 다음과 같은 내용이 있었다. "누군가를 위해서 기꺼이 목숨을 내어놓을 수 있는 것, 얼마나 아름답고 숭고한 것인가? 그래서 나는 이 직업을 성직聖職으로 여긴다네." 이 소방관은 하느님이 자신에게 주신 꽃씨를 찾아서 아름답게 꽃피운 사람이다.

나의 고유함을 찾아서 잘 살린다면, 그래서 내가 보람을 느끼고, 남에게 유익이 된다면, 그것이 바로 거룩한 삶이다. 반대로 나의 고유함을 제대로 찾지 못하고 남의 것만 바라보고 부러워하고 질투하는 삶을 산다면, 하느님의 마음을 상해 드리는 것이 아닐까? 마치 자신의 길을 찾지 못해 우왕좌왕하는 자식을 보는 부모의 마음이 아프듯이 말이다. 하느님의 사랑 속에 태어난 우리는 각자 자신의 고유함을 찾아 내어 가꾸고 다듬어서 세상을 풍요롭게 만드는 사람으로 부르심을 받았다.

어떤 사람은 자신 안에서 온통 모난 구석만 보이고 좋고 아름다운 것은 도무지 찾아볼 수 없는 것 같아서 실망하고 낙담한다. 하지만 이런 사람에게도 분명 좋은 면이 있게 마련이다. 그런 것을 발견할 눈이 없는 것이 문제다.

로마의 성 베드로 성당 안에는 유명한 예술품이 많은데 그 중에서 미켈란젤로의 작품 피에타가 있다. 성모님이 십자가에서 내려진 예수님의 시신을 품에 안고 비통해하시는 모습을 조각한 것인데 걸작 중의 걸작으로 손꼽는다. 그런데 이 작품에는 다음과 같은 흥미로운 사연이 숨어 있다.

어느 날 미켈란젤로가 대리석 가게 앞을 지나고 있는데, 그곳에는 아주 볼품없게 생긴 커다란 대리석 하나가 세워져 있었다. 가게 주인에게 그 대리석의 가격을 물으니 주인은 의외의 대답을 했다. "그냥 가져가세요. 지난 십 년간 이것을 팔려고 해 보았지만, 아무도 사려고 하지 않더군요. 쓸모도 없이 큰 돌이 괜히 공간만 많이 차지해서 귀찮았는데, 잘 됐네요. 필요하면 그냥 가져가세요." 미켈란젤로는 고맙다는 말을 하고 그 대리석을 집으로 가져왔다. 일 년이 지난 어느 날 그는 대리석 가게 주인을 집으로 초대해서 자신이 공짜로 얻은 대리석으로 만든 작품을 보여 주었다. 그 작품은 바로 그 유명한 피에타상이었다. 가게 주인은 깜짝 놀라면서 이렇게 물었다. "아니, 어떻게 그렇게 볼품없는 대리석으로 이렇게 훌륭한 작품을 만들 수가 있었습니까?" 미켈란젤로는 이렇게 대답했다. "내가 대리석을 보았을 때 단지 불필요한 부분만을 쪼아 낸다면 아주 멋진 작품이 될 것이라는 생각이 들었습니다. 그래서 그렇게 했을 뿐입니다."

비록 자신이 쓸모없게 여겨지더라도 그 안에는 정말로 값진 무엇이 숨어 있을 수도 있다. 스스로 그것을 발견하든지 그렇지 않으면 다른 사람의 힘을 빌려서라도 찾아내야 한다. '나는 아무짝에도 쓸모없는 사람'이라고 섣불리 단정하지 말고 하느님이 내 안에 마련해 주신 고유하고 귀중한 선물을 찾아내야 한다. 그래서 자기 스스로 삶의 보람을 느끼고, 남에게도 기쁨과 유익함을 주도록 노력하는 것이 우리 각자에게 주어진 하느님의 소명이다.

그리스도 신자들은 하느님의 특별한 부르심을 받은 사람들이다. 세례를 받아 신자가 되면 그리스도 안에서 하느님의 아들딸로 선택되어 그에 합당하게 살도록 부르심을 받는 것이다. 예수님 말씀에서 드러나듯이 하느님 아버지는 당신 자녀들을 극진히 보살펴 주신다. "너희 가운데 아들이 빵을 청하는데 돌을 줄 사람이 어디 있겠느냐? 생선을 청하는데 뱀을 줄 사람이 어디 있겠느냐? 너희가 악해도 자녀들에게는 좋은 것을 줄 줄 알거든, 하늘에 계신 너희 아버지께서야 당신께 청하는 이들에게 좋은 것을 얼마나 더 많이 주시겠느냐?"(마태 7,9-11)

세례를 받아 하느님의 자녀가 된 사람들은 하느님의 극진한 보살핌에 감사드리면서 그분의 자녀답게 살아야 하는 소명을 받는다. 하느님의 자녀라면 예수님이 제자들에게 당부하신 대로 '세상의 소금과 빛'(마태 5,13-14)이 되어야 한다. 세상에 빛과 소금이 되는 길이란 믿지 않은 이들이 우리의 "착한 행실을 보고 하늘에 계신 아버지를 찬양"(마태 5,16)하도록 인도하는 것이다.

어떻게 하면 착한 행실로 세상에 빛과 소금이 될 수 있을까? 한마디로 말하면, 예수님이 가르치시고 실천하신 것을 본받아서 사는 것이다. 그렇게 살게 되면 세상과는 대조적인 삶의 모습을 지니게 됨으로써 사람들은 세상과는 다른 삶을 사는 우리를 보고서 하느님을 찾게 될 것이다. 우리 사회의 상황에 비추어서 두 가지만 예로 들어 본다.

첫째로, 정직해지는 것이다. 우리 사회의 가장 큰 병폐 중 하나는 거짓이 횡행해서 사람들 사이에 믿음과 신뢰가 점점 더 사라져 간다는 것이다. 불신이 너무 깊어져서 다른 사람의 말이나 행동을 액면 그대로 믿을 수 없고 항상 그 이면을 살피게 된다. '이 사람이 정말로 무슨 생각을 하고 있을까?'를 항상 따져 본다. 이것은 인간관계를 아주 피곤하고 힘들게 만든다. 사람이 사람을 믿지 못하니까 뭘 사러 가서도 상점 주인이 말하는 물건 값을 그대로 믿기가 어렵다. 주인이 부르는 대로 돈을 내고 나면 꼭 속은 기분이 든다. 사회가 이렇게 되면 참으로 살기가 힘들고 피곤하다. 그런데 이런 불신 사회에서 예수님 말씀대로 '예.' 할 것은 '예.' 하고 '아니요.' 할 것은 '아니요.' 라고(마태 5,37) 정직하게 말함으로써 가식과 거짓이 없는 진실한 사람들, 말을 액면 그대로 믿어 줄 수 있는 사람이 되는 것이 바로 빛과 소금의 역할을 하는 길이다. 신자들이 그렇게 산다면 불신의 흙탕물로 혼탁해진 사회의 한구석에서 솟아 나오는 맑은 샘물이 될 것이다.

하지만 그렇게 살다 보면 손해 보고 이용당하기 십상이라고 반박하는 이들도 있을 것이다. 그렇지만 예전에 우리 신앙의 선조들은 하느님을 위해서 재산, 명예, 심지어는 목숨까지 기꺼이 내놓았다. 그 후손인 우리는 하느님을 위해 작은 손해 정도는 감수해야 하지 않을까? 다행스럽게도 정직하다고 해서 항상 손해 보고 이용만 당하는 것은 아니다.

1990년대 초반에 노량진 수산 시장에서 장사하는 신자들이 신자답게 살기 위해 한 가지를 결정했다. 생선에 물감을 칠해서 싱싱하게 보이게 하는 그동안의 관행을 더 이상 따르지 않기로 했던 것이다. 처음에는 생선이 싱싱해 보이지 않자 고객이 줄어들었다. 하지만 시간이 지나자 단골손님들이 그 이유를 알게 되면서 신자 상인들을 신뢰하게 되어 오히려 장사가 더 잘 됐다고 한다. 또 다른 예도 있다.

미국의 어느 방송사에서 양심 점포를 찾아내는 프로그램을 진행했다. 컴퓨터 내부의 연결선을 일부러 끊어 놓고 수리를 부탁했더니, 백여 개의 수리점에서는 하나같이 큰 고장이라고 많은 수리비를 요구했다. 그런데 딱 한 군데에서만 연결선을 바로 끼워 주고 수리비도 받지 않았다. 그 점포는 한국 사람이 운영하는 수리점이었다.

빛과 소금이 되는 또 다른 길은 돈보다는 사람을 우선에 두는 것이다. 세상은 점점 더 경제적 이익을 우선에 두고서 다른 모든 것은 부차적으로 여기는 경제 제일주의에 물들어 가고 있다. 그래서 돈 앞에는 인륜도 무너지기 일쑤다. 물론 그렇다고 해서 경제적으로 잘살아 보려는 노력이 나쁘다는 말은 아니다. 사람이 사람답게 살기 위해서는 기본적으로 의식주가 어느 정도는 해결돼야 한다. 아직도 끼니를 이어 가기 어려운 사람들이 있지만, 우리나라 전체를 두고 볼 때 한 세대 전보다는 경제적으로 훨씬 더 잘살게 된 것은 사실이다. 한 세대 전만 해도 전화, 냉장고 있는 집이 드물었지만, 이제는 집집마다 그 정도는 다 갖추고 자가용도 몇 집에 한 대 정도는 보급되었다. 이렇게 잘살게 된 것은 좋은데, 돈맛을 알게 되어서 어느새 돈이 우상이 되었다. 돈이 되는 것이라면 물불을 안 가리고 덤빈다. 돈 앞에는 부모도 친척도 친구도 소용없는 사회가 되어 버렸다. 그런데 모두들 돈만 아는 것이 문제다. 돈 앞에는 인륜도 없다고 세상을 탓하지만 자신부터 변화되어야 한다는 생각은 하지 않는다.

우리 신자들만이라도 돈보다는 사람을 먼저 생각하는 삶을 살아갔으면 좋겠다. 돈보다 사람을 더 소중하게 여기는 삶은 꼭 먹고살기 넉넉해야만 가능한 것이 아니다.

수도권 지역에서 보육원을 운영하는 어느 수녀님이 이런 이야기를 들려주었다. 자신이 책임자로 있는 보육원은 국가와 시 당국으로부터 재정 지원을 받기는 하지만, 그 액수가 많지 않아서 후원자의 도움 없이는 운영되기 어렵다고 한다. 후원자 중에 보육원 근처에서 주로 대학생들을 상대로 작은 커피점을 운영하는 사람이 있었는데, 개신교 신자였다. 그는 매일 저녁 커피를 판매한 금액의 십 분의 일을 새 돈으로 바꾸어서 저금통에 넣어 두었다가 매월 말일에 저금통을 통째로 보육원에 가져와서 후원금으로 바친다는 것이다. 그 후원자는 경제 사정이 그리 넉넉지는 않지만, 몇 년째 이런 방식으로 후원을 하면서 보람과 기쁨을 누린다고 한다.

우리가 예수님의 가르침과 행동을 본받아 착하게 살아가면서 세상에 빛과 소금이 되려고 노력할 때 하느님 아버지께 효도하는 아들딸이 되는 것이다. 아울러 우리가 사는 세상은 좀 더 살기 좋은 세상, 따뜻한 세상이 될 것이다. 이런 세상을 만들기 위해서 그리스도교 신자 모두는 하느님으로부터 부르심을 받았다.

한 인간으로서, 신자로서 자신의 성소에 충실하게 살아갈 때 그런 가정에서는 사제 성소, 수도 성소가 꽃피게 될 것이다. 마치 좋은 밭에서 좋은 나무가 자라나 좋은 열매를 맺는 것처럼 말이다. 우리 각자는 한 인간으로서, 세례받은 신자로서 자신의 성소를 성실하게 살아가면서, 좋은 나무가 자랄 수 있는 좋은 밭을 일구도록 부르심을 받았다.

● 《디다케》 2002년 4월

───── **고정 관념과 편견에서 벗어나려면**

오래전에 읽었던 법정 스님의 수필집에 실려 있는 이야기 하나가 아직도 기억에 남아 있다. 스님은 어느 여름날 자신이 거처하는 암자에서 점심 식사를 마친 후 마루에 팔베개를 하고 비스듬히 누워서 주위 경치를 바라보았다. 그랬더니 평소에 눈에 익고 친숙하게 보이던 경치가 색다르게 눈에 들어왔다. 스님은 벌떡 일어나 마루에서 마당으로 내려와서 허리를 굽혀 가랑이 사이로 다시 그 경치를 내다보았다. 눈앞에는 새로움이 펼쳐졌다. 하늘은 푸른 호수가 되고 산은 그 속에 잠긴 그림자가 되었다. 스님은 이 발견이 너무나도 신기해서 찾아오는 손님들에게 남녀노소를 불문하고 소개를 했다. 먼저 스님이 숙달된 조교처럼 시범을 보이면 그들도 따라 하면서 어린아이처럼 좋아했다는 것이다.

우스꽝스러운 이야기처럼 보이지만, 여기에는 중요한 가르침이 담겨 있다. 고정된 시각을 바꾸면 새로운 세계가 펼쳐진다는 것이다. 사람은 각자의 고유한 시각으로 세상과 인간을 보게 마련이다. 각자의 고유한 시각에서 독특한 개성이 형성되기도 하지만, 다른 한편으로는 고정 관념이나 편견이 생겨 거기에 갇히는 경우가 적지 않다. 제한된 시각으로 세상과 인간을 보게 되면, 마음에 들지 않고 미운 것이 많이 생기게 마련이고, 이는 비난과 다툼의 원인이 되기도 한다. 마음에 불만과 미움이 쌓여 간다고 느껴지면 과감히 '거꾸로 보기'를 감행해 볼 필요가 있다. 그러면 새로운 시각과 가능성이 열리는 경우가 많다.

구약 성경 열왕기 하권 5장에 등장하는 나아만도 고정 관념 때문에 중요한 것을 놓칠 뻔했던 사람이다. 나아만은 이스라엘과 인접한 강대국 아람 제국의 장군이었다. 그는 임금의 총애를 받는 사람이었지만 나병 환자였다. 어느 날 나아만의 아내가 자신이 데리고 있던 몸종에게서 반가운 얘기를 듣는다. 그 몸종은 이스라엘 출신 소녀로, 자기 고국에 엘리사라는 뛰어난 예언자가 있다는 사실을 알려 주면서, 그 사람이라면 나아만 장군의 병을 고쳐 줄 수 있으리라는 말을 했다. 부인에게 이 이야기를 전해 들은 나아만은 아람 제국 임금의 소개장을 들고 이스라엘로 가서 엘리사의 집을 찾아간다. 그러자 엘리사는 심부름꾼을 시켜 '요르단 강에 가서 일곱 번 몸을 씻으면 나병이 나을 것'이라는 말만 전한다.

엘리사가 얼굴도 비치지 않고 심부름꾼만 달랑 내보내어 볼품없는 강에서 일곱 번 씻으라는 말을 전해 듣고 나아만은 크게 화를 낸다. 나아만은 강대국 아람 임금의 총애를 받던 실력자였으니 스스로를 거물급 인사로 여겼을 것이고, 약소국 이스라엘의 예언자 엘리사가 뛰어나와 반겨 주리라 생각했을 것이다. "나는 당연히 그가 나에게 나와 서서, 주 그의 하느님의 이름을 부르며 병든 곳 위에 손을 흔들어 이 나병을 고쳐 주려니 생각하였다."(2열왕 5,11) 하지만 예상치 못한 푸대접에 자존심이 크게 상한 나아만은 자리를 박차고 돌아가려고 한다.

다행히 나아만에게는 현명한 부하들이 옆에 있었다. 그들은 '예언자가 시키는 일이 그리 어려운 일도 아닌데, 못할 것은 뭐 있느냐, 한번 해 보기라도 하라'고 간청한다. 나아만은 이들의 조언을 받아들여서 엘리사가 시킨 대로 요르단 강에 가서 일곱 번 몸을 씻자 나병이 깨끗이 낫는다. 나아만은 달리 생각해 보라는 측근의 조언을 받아들인 덕분에 자신의 고정 관념을 극복하여 원하는 바를 이룬 것이다.

나아만과 같은 모습은 오늘날에도 반복된다. 우리도 자신의 고정 관념이나 편견에 사로잡혀서 다른 사람을 오해하여 좋지 않은 마음을 품고 비난하는 경우가 적지 않다. 이와 관련된 어느 소설가의 체험담은 우리에게 시사해 주는 바가 크다.

그 소설가는 언젠가 지하철에서 늙은 스님 한 분을 만났다. 다른 스님들의 모습과는 사뭇 다르게 덥수룩한 구레나룻에 꾀죄죄한 누더기 가사를 걸친 스님이었다. 스님은 과자 봉지부터 담요와 운동화까지 온갖 잡동사니들로 가득 찬 배낭을 지고, 손에는 과일이며 장난감들이 가득 들어 있는 보따리까지 들고서 퇴근 시간이라서 발 디딜 틈 없이 복잡한 지하철을 비집고 들어왔다. 소설가도 다른 사람들처럼 못마땅한 눈초리로 그 스님을 잠시 쳐다보다가 외면해 버렸다. 필시 승려를 가장한 걸인이거나, 시주를 빙자하여 금품이나 모으는 땡추일 거라고 생각했다. 그러다가 목적지에 도착해서 서둘러

전동차를 빠져나와 계단을 오르려는데 갑자기 누군가가 그 소설가의 손목을 낚아채고는 이렇게 말을 건넸다. "이 짐 좀 들어주지 않겠나?" 고개를 돌려 보니 손목을 잡은 사람은 다름 아닌 지하철 안에서 본 그 스님이었다. 소설가는 마음이 썩 내키지는 않았지만, 몹시 피로하고 지친 모습의 스님을 보자 그 청을 거절할 수가 없었다. 짐을 들어 보니 노인이 들기에는 너무 무거웠다. 이윽고 전철역을 나설 때 그 소설가는 스님을 향해 시큰둥하게 한마디 내뱉었다. "좀 버리세요, 부처님처럼……." 욕심을 버리라는 말을 그렇게 표현한 것이다. 그러자 스님은 이렇게 대답했다. "버렸으니 가져가는 게야. 내가 돌보는 아이들을 도와주시는 보살님들이 계신데, 차도 없고 운전도 할 줄 모르니 이 늙은 중이 매일 이렇게 돌아다닐 수밖에." 그 스님은 부모 없는 아이들을 사찰에서 돌보고 있던 분이었다. 다시 버스를 타기 위해 정류장으로 향하는 스님의 뒷모습을 보면서 소설가는 자신이 한없이 부끄러워졌다.

이용범, '오해와 편견', 〈경향신문〉 2002. 11. 16.

이 소설가도 나아만처럼 고정 관념과 편견을 갖고 다른 사람에게 부정적인 감정을 품었지만, 다행히 그것을 극복하여 오해에서 벗어난다. 하지만 고정 관념에서 벗어나지 못해서 일을 그르치는 경우가 훨씬 많은 것 같다. 예수님의 고향 나자렛 사람들이 바로 그런 경우다. 예수님은 당신이 자란 나자렛을 방문하여 회당에서 설교를 하신다. 마을 사람들은 예수님의 지혜에 놀라워하지만, 그분의 출신이 자신들과 다를 바 없이 평범하다는 이유로 그분을 받아들이지 않는다. "저 사람은 목수의 아들이 아닌가? 그의 어머니는 마리아라고 하지 않나?"(마태 13,55) 그들 생각에 메시아는 좀 더 번듯한 가문에서 나와 사회적으로 그럴 듯한 신분의 사람이어야 하는데, 예수님은 그렇지 않으니까 시큰둥하게 반응했던 것이다. 이런 반응에 대해 예수님이 쓴소리를 하시자 나자렛 사람들은 발끈해서 예수님을 죽이려고까지 한다. 하지만 예수님은 그들 한가운데를 가로질러 떠나가신다(루카 4,23-30). 나자렛 사람들은 메시아를 만났지만, 자신들의 편견 때문에 그분을 받아들이지 못하고 배척하는 어리석음을 범했던 것이다.

이렇게 자신의 고정 관념이나 편견에 사로잡히면 사람만이 아니라 하느님도 잘못 보고 배척하는 어처구니없는 짓을 저지르기 쉽다. 하느님은 인간처럼 제한된 존재가 아니라 초월적 존재이시기 때문에 결코 우리의 마음과 생각 안에 갇혀 있는 분이 아니다. 그런데도 사람들은 은연중에 하느님을 자신의 생각과 개념에 고정시키려는 경향이 강하다. 그래서 하느님은 이러이러한 분이라고 고정된 개념과 생각 속에 한정하고, 거기에서 벗어나면 받아들이려고 하지 않는다.

아주 열심인 할머니 신자가 있었다. 어느 여름 날 밤 그 동네에 천둥 번개와 함께 큰비가 쏟아지기 시작했다. 놀라서 잠에서 깬 동네 사람들은 모두 산으로 달아났다. 그러나 그 할머니는 피하지 않고 집에 남아 있었다. 식구들은 집이 곧 잠긴다고 소리치면서 억지로라도 할머니를 끌고 나가려고 했지만, 할머니는 막무가내로 버텼다. 할머니는 "꿈에 예수님이 나타나셔서 '내가 너를 구해 줄 것이다. 걱정하지 말라'고 말씀하셨다."라고 하면서 한 발자국도 움직이려 하지 않았다. 물이 자꾸 불어나자 할머니는 지붕 위로 올라갔다. 119 구조대가 헬리콥터를 타고 와서 줄을 내려 주면서 어서 올라타라고 말했다. 그러나 할머니는 그것도 거절하고 예수님께서 구하러 오시기만을 기다렸다. 많은 사람들이 소리치며 애원했지만 할머니는 모든 구조를 거절하고 혼자 지붕 위에 있다가 결국 물에 휩쓸려 목숨을 잃고 말았다. 할머니는 죽어서 예수님 앞에 가게 되었는데, 예수님께 따지듯이 물었다. "저를 구하러 온다고 하시더니 왜 오시지 않았습니까?" 그러자 예수님께서는 이렇게 말씀하셨다. "무슨 소리를 하느냐? 너를 구하기 위해 내가 얼마나 많이 찾아갔는지 알기나 하느냐? 네 집안 식구의 모습으로, 네 이웃의 모습으로, 그리고 119 구조대의 모습으로 너를 찾아갔는데도 너는 한사코 거절만 하지 않았더냐?"

고정 관념과 편견에 빠지기 쉬운 우리는 자주 하느님을 자신이 만든 한정된 '생각의 틀'에 고정시켜 놓고 이런저런 기대를 하고, 그것이 이루어지지 않는다고 투덜거리기 일쑤다. 옛사람들은 이런 어리석음을 연작안지홍곡지지燕雀安知鴻鵠之志, 곧 "제비나 참새 같은 작은 새가 어찌 기러기나 고니 같은 큰 새의 마음을 알 수 있으랴."라는 뜻으로, 좀 더 단순하게 표현하면 "봉황의 깊은 뜻을 참새가 어찌 알리오?"라는 말로 꼬집었다.

하느님에 대한 고정 관념이나 편견에서 벗어나려면 '하느님은 우리 마음보다 크신 분'(1요한 3,20)이라는 사실을 되새기면서 생각을 자주 바꾸고 새롭게 해야 한다. 인간에 대해서도 마찬가지다. 하느님의 모상(창세 1,27)으로 창조된 인간 역시 한정된 '생각의 틀'에 갇혀 있지 않다. 그러므로 혹시라도 한 사람을 나의 고정 관념과 편견에 가두어 놓고 실망하고 미워하기를 반복하는 것은 아닌지 자주 반성해야 한다.

  예수님은 공생활을 시작하시면서 회개를 촉구하셨다. "때가 차서 하느님의 나라가 가까이 왔다. 회개하고 복음을 믿어라."(마르 1,15) 회개란 잘못된 삶에서 돌아서서 하느님과 이웃을 사랑하는 새로운 삶으로 향하는 것이다. '회개하다'에 해당하는 그리스어 동사 '메타노에인metanoein'은 '생각을 바꾸다', '달리 생각하다', '이면을 살펴보다' 등의 의미를 지닌다. 이는 '새로운 삶은 생각을 바꿈으로써 시작된다'는 것을 암시한다. 자주 '거꾸로 보기'를 감행하여 생각을 바꾸는 훈련을 했으면 좋겠다. 그러면 고정 관념과 편견의 굴레에서 벗어나 이웃만이 아니라 하느님도 긍정적인 마음과 태도로 만날 수 있을 것이다.

  우리는 자주 고정 관념과 편견에 눈이 가려져서 하느님과 이웃을 제대로 보지 못하여 행복을 잃어버리는 가련한 처지에 있는 사람들이다. 예리코의 눈먼 거지가 예수님께 드렸던 간청이 우리 자신을 위한 간절한 기도가 되면 좋겠다.

  "스승님, 제가 다시 볼 수 있게 해 주십시오."(마르 10,51)

─── **아름다운 노년을 위하여**

 필자가 다녔던 성신고등학교(소신학교)는 1983년 2월에 제49회 졸업생을 배출하고 문을 닫았다. 폐교 후 소신학교 현관 건물은 헐려서 사라졌지만, 현관 앞에 있던 오래된 은행나무는 아직도 그 자리에 남아 있다. 소신학생 시절 어느 오후에 가을 햇빛을 받아 눈부시게 빛나던 노란 은행나무 잎을 보면서 이런 생각을 했던 기억이 난다. '내가 먼 훗날 노년이 되었을 때 저렇게 아름다운 분위기의 사람이 되면 참 좋겠다.' 어린 나이에 어떻게 그런 생각을 했는지 모르겠다.

 사람들 대부분은 늙는 것을 두려워한다. 아마도 죽음이 점점 더 가까이 오고 있다고 느끼기 때문인 듯하다. "우리는 죽음을 잊고 살지만, 죽음은 결코 우리를 잊지 않는다."라는 말이 있듯이 인간은 자신이 죽어야 할 운명에 있다는 엄연한 사실을 잊고 산다. 하지만 나이가 들수록 그동안 잊고 살았던 죽음이 점점 더 현실로 다가와서 두려운 마음도 커지는가 보다. 늙는 것이 두려운 나머지 조금이라도 더 젊어 보이려고 이런저런 노력을 하기도 한다. 물론 나이가 들어 가면서 가능한 한 건강하게 살기 위해 운동을 하고 음식도 조절하는 것은 바람직한 일이다. 하지만 나이가 들어 가는 것 자체를 받아들이지 못하고 어떻게든 젊게 보이려고 발버둥치는 모습은 썩 보기 좋지는 않다.

창세기는 사람은 '흙에서 나와 흙으로 돌아간다'(창세 3,19)고 가르친다. 또한 코헬렛은 이렇게 말한다. "먼지는 전에 있던 흙으로 되돌아가고 목숨은 그것을 주신 하느님께로 되돌아간다."(12,7) 늙고 허약해져서 죽음에 이르는 것은 인간이 피할 수 없는 현실이다. 피할 수 없는 현실이라면 받아들이는 수밖에 없다. 물론 쉬운 일은 아니지만, 노쇠와 죽음을 담담하게 받아들이고 거기에 긍정적 의미까지 부여하면서 살아간 이들도 있다.

2005년에 선종하신 요한 바오로 2세 교황님은 말년에 몇 해 동안 병고와 노쇠로 힘겨워하시면서도 막중한 교황직을 수행하셨다. 사실 텔레비전에서 그런 모습의 교황님을 볼 때마다 많이 안타까웠다. '저럴 바에야 은퇴하시는 것이 낫지 않을까.' 하는 생각도 자주 했다. 실제로 교황님이 은퇴를 심각하게 고려하면서 자문을 구하시기까지 했다는 소문도 있었다. 하지만 그분은 노쇠와 병고라는 무거운 십자가를 지고서 마지막까지 당신에게 맡겨진 직무를 완수하셨다.

요한 바오로 2세 교황님의 선종 직후 독일의 어느 신문은 그분을 추모하면서 이런 평가를 했다. "그분은 인간의 쇠약함, 병약함을 있는 그대로 보여 줌으로써, 인간 존재에는 젊음과 건강만이 아니라 병고와 노쇠도 함께 속해 있다는 것을 세상에 전하려고 했던 것 같다." 미처 생각지 못했던 측면이었다. 교황님은 점점 더 젊음과 건강만을 숭상하면서 노쇠와 죽음을 외면하려는 현대 세계에 대해 온 힘을 다해서 이렇게 말씀하시고자 하지 않았을까? "늙고 병드는 것, 죽는 것도 인간 삶의 일부분이다. 참고 견뎌야 한다." 요한 바오로 2세 교황님은 노쇠와 병고 때문에 괴로워하면서도 임종을 앞두고 "나는 행복합니다. 여러분도 행복하기를 바랍니다."라는 말씀을 남겨 사람들 마음에 큰 반향을 일으켰다. 교황님은 일생 동안 하느님께 굳건히 의탁하면서 살아왔기에 죽음 앞에서도 영원한 삶을 희망하면서 행복하다고 고백할 수 있었던 것이 아닐까?

하느님께 깊이 뿌리를 둔 사람은 노쇠와 죽음마저도 인생의 한 부분으로 받아들일 줄 안다. 아시시의 프란치스코 성인은 〈태양의 노래〉에서 죽음을 자매라고 표현하면서 기꺼이 받아들였다. 〈어느 17세기 수녀의 기도〉라는 제목의 글을 쓴 수녀는 자신이 늙어 가는 것을 유머 있게 받아들이기까지 한다.

주님, 주님께서는 제가 늙어 가고 있고
언젠가는 정말로 늙어 버릴 것을
저보다도 잘 알고 계십니다.
저로 하여금 말 많은 늙은이가 되지 않게 하시고
특히 아무 때나 무엇에나 한마디 해야 한다고 나서는
치명적인 버릇에 걸리지 않게 하소서.

모든 사람의 삶을 바로잡고자 하는 열망으로부터
벗어나게 하소서.
저를 사려 깊으나 시무룩한 사람이 되지 않게 하시고

남에게 도움을 주되 참견하기를 좋아하는

그런 사람이 되지 않게 하소서.

제가 가진 크나큰 지혜의 창고를 다 이용하지 못하는 건

참으로 애석한 일이지만

저도 결국엔 친구가 몇 명 남아 있어야 하겠지요.

끝없이 이 얘기 저 얘기 떠들지 않고

곧장 요점으로 날아가는 날개를 주소서.

내 팔다리, 머리, 허리의 고통에 대해서는

아예 입을 막아 주소서.

내 신체의 고통은 해마다 늘어나고

그것들에 대해 위로받고 싶은 마음은

나날이 커지고 있습니다.

다른 사람들의 아픔에 대한 얘기를 기꺼이 들어 줄

은혜야 어찌 바라겠습니까만

적어도 인내심을 갖고 참아 줄 수 있도록 도와주소서.

제 기억력을 좋게 해 주십사고 감히 청할 순 없사오나

제게 겸손된 마음을 주시어

제 기억이 다른 사람의 기억과 부딪칠 때

혹시나 하는 마음이 조금이나마 들게 하소서.

나도 가끔 틀릴 수 있다는 영광된 가르침을 주소서.

적당히 착하게 해 주소서.

저는 성인까지 되고 싶진 않습니다만······

어떤 성인들은 더불어 살기가 너무 어려우니까요······.

그렇더라도 심술궂은 늙은이는 그저

마귀의 자랑거리가 될 뿐입니다.

제가 눈이 점점 어두워지는 건 어쩔 수 없겠지만

저로 하여금 뜻하지 않은 곳에서 선한 것을 보고

뜻밖의 사람에게서 좋은 재능을 발견하는

능력을 주소서.

그리고 그들에게 그것을 선뜻 말해 줄 수 있는

아름다운 마음을 주소서.

아멘.

류시화 엮음, 《지금 알고 있는 걸 그때도 알았더라면》

이 수녀처럼 쾌활하게 자신의 노년을 맞이하기를 바라지 않는 사람은 없을 것이다. 그렇게 되기를 원한다면, 하느님께 굳건히 의지하며 꾸준히 기도해야 한다. 故 김수환 추기경은 1998년 서울대교구 교구장직에서 은퇴한 후에 〈어느 독일 노인의 시〉란 글을 직접 번역해서 자신의 집무실에 걸어 놓았다. 아마도 그분은 이 글을 자주 읽고 묵상하면서 노년을 준비하셨던 것 같다.

이 세상에서 최상의 일은 무엇일까?
기쁜 마음으로 나이를 먹고
일하고 싶지만 쉬고
말하고 싶지만 침묵하고
실망스러워질 때 희망을 지니며
공손히 마음 편히 내 십자가를 지자.

젊은이가 힘차게 하느님의 길을 가는 것을 보아도
시기하지 않고
남을 위하여 일하기보다
겸손되이 다른 이의 도움을 받으며

쇠약하여 이제 남에게 아무런 도움을 줄 수 없어도

온유하고 친절한 마음을 잃지 않는 것

늙음의 무거운 짐은 하느님의 선물

오랜 세월 때 묻은 마음을 이로써 마지막으로 닦는다.

참된 고향으로 가기 위해

자기를 이승에 잡아 두는 끈을 하나씩 하나씩 풀어 가는 것,

참으로 훌륭한 일이다.

이리하여 아무것도 할 수 없게 되면

그것을 겸손하게 받아들이자.

하느님은 마지막으로 제일 좋은 일을 남겨 두신다.

그것은 기도다.

손으로는 아무것도 할 수 없어도

합장만은 끝까지 할 수 있다.

사랑하는 모든 사람을 위해

하느님이 은총을 베푸시도록 빌기 위해서

모든 것이 다 끝나는 임종의 머리맡에

하느님의 소리를 듣게 될 것이다.

"오너라, 나의 벗아. 나 너를 결코 잊지 않으리라."

가톨릭 신자들이 '주님의 기도' 다음으로 자주 바치는 기도는 '성모송'이다. '성모송'에는 "이제와 저희 죽을 때에 저희 죄인을 위하여 빌어 주소서."라는 청원이 담겨 있다. 이 청원을 바칠 때마다 죽음의 순간만이 아니라 노년을 위해서도, '아름다운 노년'이 될 수 있도록 성모님께 전구하면 좋겠다. 독일의 어느 노인이 기원한 대로 기쁜 마음으로 나이를 먹으면서 겸손과 온유, 친절의 길로 나아가도록, 늙고 약해지는 것을 허물을 닦는 기회로 삼으면서 집착과 아집을 하나씩 벗어 버리도록, 마지막 순간에 두 손을 모아 사랑하는 사람을 위해 기도할 수 있도록 말이다.

죽음을 기억하라!

옛 어른들은 인생의 한계와 덧없음을 '생자필멸生者必滅이요 회자정리會者定離'라는 말로 간결하게 표현하였다. 산 사람은 반드시 죽을 것이요, 만난 사람은 헤어지게 마련이라는 뜻이다. 사람이면 한 번은 죽어야 하고 만남이 있으면 헤어짐이 있을 수밖에 없다는 것은 삶의 철칙이다. 그러나 사람은 이에 순응하지 않고 자신의 죽음을 어떻게 해서든 피해 보려고 한다. 불로초를 구해서 죽지 않으려고 발버둥을 쳤던 것은 진시황 한 사람에게 국한된 얘기가 아닐 것이다. 오늘날에도 건강과 장수에 좋다면 지렁이든 굼벵이든 다 찾아서 먹으려는 사람들에게서 죽지 않으려고 몸부림치는 인간의 가련한 모습이 드러난다. 병원 영안실이 자기 동네에 건축된다고 하면 주민들이 무리를 지어서 거세게 반대하고 나서는 것 역시 죽음을 회피하고 싶은 마음 때문일 것이다. 그러나 그리스도교 신앙은 죽음을 피하지 말고 마주 대하면서 살라고 가르친다. 그래서 가톨릭 교회는 11월 한 달을 위령 성월로 정하고서 죽음을 묵상하도록 권고한다.

가톨릭 신자들은 위령 성월에 무엇보다도 연옥 영혼을 위해서 기도한다. 물론 평소에도 기도 중에 틈틈이 연옥에 있는 영혼들을 기억한다. 그러나 특별히 이 달에는 그들이 하느님의 무한한 자비에 힘입어서 한시라도 빨리 영원한 평화를 누리도록 기도한다.

마카베오기 하권에 따르면 유다는 이방인들과의 싸움에서 전사한 자신의 병사들이 율법이 금한 우상의 부적을 몸에 지니고 있었다는 것을 알고는 이들이 범한 죄를 용서해 달라고 하느님께 애원하며 기도드린다(2마카 12,42). 이 성경 구절을 통해서 세상에 살아남은 사람들의 기도가 죽은 자들의 속죄에 도움이 된다는 것을 알 수 있다. 이런 믿음에서 가톨릭 교회는 교회 초기부터 죽은 이들을 위하여 기도해 왔다. 기도의 위력을 조금이라도 체험해 본 사람이라면 죽은 이들을 위한 기도가 무슨 소용이 있느냐는 질문을 하지 않을 것이다.

연옥 영혼을 위해 기도하면서, 세상을 떠난 모든 이와 우리 자신과의 관계에 대해서도 생각해 보아야 할 것이다.

첫째, 우리보다 앞서 살다가 죽은 이들을 기억하면서 현재의 나의 삶은 나의 노력만으로 이루어진 것이 결코 아님을 알아야 한다. 먼저 살다 간 이들의 덕분으로, 그들의 노력과 땀을 바탕으로 오늘의 내가, 우리가 있게 된 것이다. 그래서 그들에게 진정 감사하는 마음을 지니면서 자만하지 말고 좀 더 겸손해져야 한다.

둘째, 인류의 역사는 어떤 의미에서 고난의 역사라고 할 수 있다. 역사의 구석구석에는 억울하고 원통하게 죽어 간 이들이 헤아릴 수 없이 많다. 이런 이들을 기억하면서 살아남은 이들에게 남겨진 과제가 있음을 마음에 새겨야 한다. 예를 들면 1994년 가을에 성수대교가 끊어져서 수많은 이들의 목숨을 잃었고, 1995년 여름에는 삼풍 백화점 붕괴 사건으로 많은 이들이 원통한 죽음을 당했다. 그 이후에도 이와 비슷하게 사람의 잘못으로 인한 사고들이 여러 번 있었다. 이렇게 부실 공사 때문에 너무도 억울한 죽음을 당한 이들을 잊지 않으면서 매사에 정직한 사회, 사람을 소중히 여기는 사회를 이룩하는 것이 바로 우리들의 몫임을 깨달아야 할 것이다.

셋째, 신앙인은 앞서간 이들을 기억하면서 자기 자신의 죽음도 생각해야 한다. 우리 모두는 예외 없이 언젠가는 죽어서 하느님 앞에서 살아온 것에 대한 심판을 받게 된다. 엄밀히 말해서 나의 목숨, 나의 재능, 나의 건강, 나의 삶 전체는 나의 것이 아니라 하느님께서 얼마 동안 빌려 주신 것이다. 그저 마음 내키는 대로 쓰라고 주신 것이 아니라 세상을 위해서, 이웃을 위해서 보탬이 되라고 빌려 주신 것이고, 이에 대해서는 죽은 다음에 하느님 앞에서 셈을 바쳐야 한다. 이런 엄연한 사실을 잊거나 외면하기 때문에 너무도 많이 욕심부리고 미워하며 거짓 속에 사는 것이 아닐까? 자신이 분명 죽을 것이고 하느님 앞에서 심판받을 것을 생각한다면 좀 더 너그럽고 착하고 정직하게 살 수 있을 것이다.

신앙인에게 죽음이란 그저 엄숙한 경고판의 역할만 하는 것이 아니라 복된 희망을 뜻한다. 복된 희망이란 무슨 뜻인가? 그것을 이해하기 위해서는 우리의 인생이 너무도 불완전하다는 것을 알아야 한다. 우리는 나름대로 성실하게 살려고 노력하지만 항상 아쉬움과 미련이 남는다. 왜냐하면 우리가 체험하는 아름답고 보람 있는 시간은 그저 순간에 그친다. 그 순간을 붙잡아 두고 싶지만 손가락 사이를 빠져나가는 모래처럼 흘러가 버리고 만다. 꽃과 같은 젊음은 안타깝게도 너무 짧게 머물고 그냥 지나간다.

그러나 신앙인은 죽은 다음에 영원 자체이신 하느님과 함께하면서 이 아름다운 순간들이 지나가지 않고 영원히 계속될 것을 희망하고 믿는다. 이것이 바로 그리스도교 신앙이 고백하는, 육신의 부활이 의미하는 바다. 사람은 누군가를 사랑하면 그 사람의 모든 것을 영원히 간직하려고 한다. 이와 비슷하게 하느님은 인간을 사랑하시기에 한 인간이 걸어온 인생 도정을 당신 안에 영원히 간직하신다. 그러기에 좋았던 시간들을 잡아 두려고 그렇게까지 애를 쓰고 안달하지 않아도 된다. 젊음을 어떻게 해서든 잡아 두려고 무리하지 않아도 된다. 최고의 순간들을 감사하는 마음으로 받아들이고, 그리고 그 순간이 지나가는 것을 담담하게 지켜볼 수 있는 것이다.

우리가 몸담고 사는 세상에는 억울하고 슬픈 일이 수없이 많다. 어떤 때는 왜 그런 고통을 당해야 하는지도 모른 채 크나큰 슬픔을 삭여야 한다. 예를 들면 불치병으로 어린 자식을 잃은 부모의 처지나 갑작스러운 사고로 사랑하는 사람을 잃은 이들의 상황이 그러하다. 그러나 신앙인은 이생을 마친 후에 하느님께서 친히 우리 눈에서 모든 눈물을 씻어 주실 것을, 고통도, 슬픔도, 울부짖음도 없는 곳으로 이끌어 주실 것을 믿고 희망한다(묵시 21,4 참조). 그러기에 바다와 같이 깊고 끝이 없어 보이는 고통과 슬픔 속에서도 완전히 낙담하거나 자신을 포기하는 일이 없다.

  세상을 살다 보면 수많은 사람과 만나고 헤어진다. 또 많은 일을 체험하고 사건을 만나게 된다. 그러나 그중에서 그 의미를 알 수 있는 것은 얼마 안 되고, 이것이 과연 나와 내 인생에 무슨 관련이 있을까 하는 의문을 남긴다. 그 의문은 쉽게 풀리지 않아서 헝클어진 실타래를 마주한 듯 답답한 적이 한두 번이 아니다. 신앙인은 죽은 다음에 세상에서 체험했던 만남과 이별, 겪었던 사건과의 의미가 제대로 밝혀질 것을 믿고 희망한다. 마치 헤아릴 수 없는 유리 조각이 모여서 아름다운 모자이크를 형성하듯 말이다. 그래서 신앙인은 자신이 만나고 겪는 것의 의미를 당장에 다 파악하지 못한다 해도 인내하고 기다릴 줄 안다. 한마디로 죽음 다음에 부활이 있기에 우리는 복된 희망 속에서 살아간다. 그래서 아쉬움이나 고통, 슬픔, 답답함은 모든 것을 이겨 내는 힘이 된다.

모든 희망을 물질이나 명예 등 현세의 것에만 두려고 한다면 모든 것을 빼앗아 가는 죽음이 두려울 수밖에 없고, 죽음을 피하려고 발버둥치게 된다. 그러나 신앙인은 자신의 삶이 이 현세로 끝나는 것이 아니라 죽음을 넘어서까지 이어진다고 믿는다. 그래서 내세가 없다고 하는 사람들보다 훨씬 더 성실하게, 그러면서도 담담하고 여유 있게 살 수 있다. 신앙인은 어느 유행가의 가사처럼 인생이 미완성이라는 것을 알면서도, 인생이 쓰다가 마는 편지, 그리다 마는 그림이라는 것을 알면서도 곱게 편지를 쓰고 아름답게 그림을 그리는 사람이다. 왜냐하면 미완성의 인생이 하느님 안에서 완성될 것을 희망하고 믿기 때문이다.

낫 놓고 기역 자도 모르는 사람을 무지한 사람이라고 한다. 이 가을에 떨어지는 나뭇잎을 보면서 죽음을 생각하지 못하는 사람 또한 무지한 사람이다. 11월 위령 성월에 세상을 떠난 우리의 부모, 친척, 친지들을 생각하며 그들의 은덕에 감사하고, 억울하게 죽어 간 이들을 기억하며 내게 주어진 숙제가 무엇인지를 마음에 새겨 보면 좋겠다. 또한 앞으로 다가올 나의 죽음을 생각하며 좀 더 알차게 살고자 다짐하고 복된 희망을 간직하도록 힘쓰면 좋겠다. 머리빗으로 헝클어진 머리카락을 가다듬듯이 나와 다른 이의 죽음을 생각하면서 흩어진 삶을 가지런히 정리하는 신앙인이 되어야 할 것이다.

● 〈평화신문〉 1996년 11월 3일

마음의 환경 보호

사람은 살아가면서 주위 환경의 영향을 많이 받는다. 필자가 태어나 대학을 마칠 때까지 살았던 경기도 북부의 작은 마을 '연천漣川'은 자연환경이 좋은 곳이었다. 휴전선에 가까운 지역이라서 인구가 많지 않아 자연이 잘 보존되어 있었다. 특히 마을 한쪽에는 큰 개울이라고 불리던 '차탄천'이 흐르고 있었는데, 물이 맑고 수심이 깊지 않아서 사람들이 즐겨 찾았다. 초등학교·중학교 시절에 그곳에서 어항을 놓아 고기를 잡고 미역을 감으며 놀았던 것이 아직도 좋은 추억으로 남아 있다. 하지만 지금 그 차탄천은 개발의 여파로 수량이 줄어

들었을 뿐만 아니라 상류에는 목장이 난립하여 수질이 오염되어 더는 미역 감고 물고기를 잡을 수 없는 곳으로 변해 버렸다. 고향에 들렀다가 그곳을 지날 때면 마음 한구석이 뻥 뚫린 듯 허전한 느낌이 들면서 환경 보호라는 말을 자연스럽게 떠올리게 된다.

이제 우리나라에서도 환경 보호에 대한 관심이 부쩍 높아졌다. 1960~1970년대에 가난에서 탈출하기 위해 '우리도 한 번 잘살아 보세'의 구호 속에 파묻혀서 관심 밖에 있었던 자연과 환경에 대해 늦게라도 눈을 뜬 것은 무척 다행스러운 일이다. 아무도 우리 주위의 자연환경이 오염되고 파괴되는 것을 원치 않는다. 하나뿐인 지구가 환경 오염으로 파괴되면 우리 자신뿐만 아니라 우리 후손의 생존 자체가 위협을 받게 되기 때문이다.

그런데 인간 내면의 환경 오염을 걱정하는 사람들은 그리 많지 않다. 실상 우리 주위에는 내면의 환경을 오염시키는 것들이 무수히 널려 있는데도 말이다. 신문과 방송 매체를 통해서 쏟아지는 편견과 선입견, 일방적 보도, 인터넷과 영화를 통해 전해지는 폭력성과 선정적 충동, 이런저런 인간관계를 통해서 입게 되는 마음의 상처, 그로 인한 부정적 감정, 미움과 증오심, 경쟁 사회에서 겪게 되는 좌절과 실망 등등. 이 모든 것은 우리 내면의 뜰을 더럽히고 망가트린다. 우리의 내면이 오염되면 온갖 나쁜 생각들이 솟아 나와 자신은 물론 주위를 혼탁하게 만든다. 일찍이 예수님은 이런 점을 예리하게 보고 지적하셨다. "마음에서 나쁜 생각들, 살인, 간음, 불륜, 도둑질, 거짓 증언, 중상이 나온다. 이러한 것들이 사람을 더럽힌다."(마태 15,19-20) 눈에 보이는 자연과 세상의 오염은 눈에 보이지 않는 내면의 오염에서 시작된다고 해도 과언이 아닐 것이다.

4세기의 그리스도교 수도자들은 내면을 정화하기 위해서 일상의 삶과 결별하는 것도 마다하지 않았다. 그들은 자신들의 부정적 감정과 공격적 성향, 그리고 무의식적인 욕구와 과도한 열정으로 세상을 오염시키지 않기 위해서 고독한 사막으로 물러갔다. 수도자들은 혼탁한 세상에서 자기 한 몸 구하겠다는 이기심에서 세상을 등졌던 것이 결코 아니다. 그들은 세상을 바꾸기 전에 우선 자기 자신을 개선하고자 했다. 인간 내면에 자리하는 부정적인 생각과 감정이 얼마나 파괴적인 힘을 갖고 있는지 잘 알았기 때문에 먼저 자신을 내적으로 정화시키고자 했던 것이다. 그리고 그다음에 세상에 나섬으로써 세상이 더 치유되고 더 밝아질 것을 기대했다.

그리스도교뿐만 아니라 불교나 힌두교에서도 묵상과 명상의 중요성을 강조한다. 조용하게 되면 인간 영혼의 깊은 곳에서 '어두운 구름' 곧 해결되지 않은 문제들, 자기 비하의 느낌, 치유되지 않은 상처, 실망감과 죄의식 등이 떠오르는데, 사람들은 이런 것이 두려워서 고요함을 피하게 된다. 그래서 사람들은 분주하게 일을 하고, 쉴 때조차 고요한 곳보다는 사람들이 많이 모인 시끌벅적한 곳을 즐겨 찾는다. 이에 편승해서 오락 산업은 소음을 쏟아부으면서 '네 자신에게 돌아가지 말라'는 구호를 계속 외쳐 댄다. 여기에 휩쓸리다 보면 결코 자신에게 돌아갈 수 없고, 내면은 잡초로 가득 차고 사막처럼 황폐해질 것이다.

오늘날에도 종교의 유무를 떠나 사람답게 살기 위해서는 고대의 수도자들이 한 것과 유사한 노력을 해야 한다. 비록 공간적으로 사막에 갈 수 없다 해도 노력한다면 나름대로 '일상의 사막'을 찾아가 복잡한 일상에서 잠시 벗어나 침잠의 시간을 보낼 수 있다. 이를테면 텔레비전을 끄고 자기 방에 들어가서, 승용차 안에서 라디오를 끄고서, 버스나 지하철에서 MP3, DMB, 스마트폰, 휴대폰을 내려놓고 조용한 마음으로 내면의 밭에서 잡초를 뽑는 시간을 가질 수 있을 것이다.

자주, 잠깐씩 '일상의 사막'으로 들어가서 내면을 청정하게 하는 작업에 힘쓰면 좋겠다. 여름 휴가철에, 많은 사람들이 붐비고 떠들썩한 곳이 아니라 조용한 곳, 이를테면 수도원, 기도원, 산사, 자연 휴양림 등으로 가서 그동안 온갖 불순물이 가득 찬 마음을 깨끗하게 청소하고 돌아오면 어떨까? 나의 내면이 좀 더 깨끗해지고 밝아질 때 내 주위의 사람과 세상이 조금씩 더 깨끗해지고 밝아질 것이다.

가톨릭 신자들은 성당 성체 앞에서 조용한 시간을 보내며 혼란한 마음을 가라앉히고 혼탁한 내면을 다시 청정하게 할 수 있다.

"하루에 한 번쯤은 번잡한 일상에서 벗어나서 어느 교회에 들어가 잠깐이라도 앉아 있는 사람은 삶의 여유와 평화를 느껴 볼 수 있다. 어지럽게 소용돌이치던 온갖 잡념들이 서서히 가라앉기 시작할 것이다. 어쩌면 그 순간은 창문으로 환한 빛이 스며드는 시간일 수도 있다. …… 숨을 고르기에 좋은 시간이다. 그리고 이렇게 작지만 거룩한 변화의 시간이 우리를 질식시킬 것 같은 나쁜 공기를 신선한 산소로 바꿔 줄 수 있지 않을까? 삼십 분 동안 마음의 긴장을 푸는 이 시간을 통해서 우리의 시간은 모든 방향으로 퍼져 나갈 수 있다."(페터 제발트, 《수

도원의 가르침》)

　침묵의 시간, 주님 앞에 머무는 시간을 통해서 우리의 내면이 정화되어 거기서 순화된 말과 착한 행동이 맑은 물처럼 흘러나왔으면 좋겠다.

● 〈서울신문〉 2006년 7월 1일

'전생'과 '환생'

      1990년대 중반에 전생과 환생에 대한 관심이 무척이나 높은 적이 있었다. 이를 주제로 하는 서적들이 여러 권 출판되면서 꾸준한 관심을 모았고, 이와 관련된 영화와 텔레비전 드라마도 많은 인기를 끌기도 하였다. 심지어는 최면을 걸어서 환자의 전생을 알아내어 치료한다는 정신과 의사도 있었다. 어떤 통계에 따르면 개신교나 가톨릭 신자들 중에서도 전생을 믿는다고 하는 이들이 상당수에 이른다고 한다. 이렇게 '전생 신드롬'이 확산되는 상황에서 그리스도교 신앙인은 어떤 태도를 취해야 할까?

전생이라는 용어는 원래 불교의 윤회설과 관련된 말이다. 불교에서는 사람의 삶이 단 한 번에 끝나는 것이 아니라 반복된다고 믿는다. 전생에서 착하게 살던 사람은 다음의 생에서 고귀한 사람으로 다시 태어나고 악하게 살던 사람은 비참한 처지로, 혹은 동물로도 태어난다는 것이다. 이런 과정에서 자신의 업보를 다 청산한 사람은 윤회의 굴레에서 벗어나 해탈하게 된다. 이렇게 볼 때 윤회론의 주안점은 전생에 자신이 누구였는지를 캐묻는 데에 있지 않고 지금의 세상에서 좀 더 착하게 살아서 다음 세상에서는 더 훌륭한 사람으로 태어나자는 데에, 궁극적으로는 해탈하자는 데에 있다. 한마디로 윤회설은 전생이 아니라 현재와 미래에 초점을 두고 있다.

이에 비해서 한때 유행처럼 번졌던 '전생 증후군'은 단지 과거에 자신이 누구였는지에 더 관심을 갖는 경향이 강하다. 그렇다면 '전생 증후군'은 겉으로는 불교의 윤회론에서 유래한 것처럼 보이지만 실상은 윤회론의 본래 의도와는 동떨어진 것이다. 전생이라는 과거에 집착하는 전생 증후군은 현실 도피적 경향이 강하다. 이런 현실 도피적 경향은 전생 증후군에만 나타나는 것은 아니다. 1990년대 초반에 휴거를 주장하여 사회적 물의를 일으켰던 이들에게서도 이런 점이 발견된다. 그들은 종말이 곧 다가왔다고 확신하면서, 테살로니카 신자들에게 보낸 첫째 서간 4장 16절에서 17절을 자의적으로 해석하여, 그때가 되면 자신들은 하늘에 들려 올라가 공중에서 주님을 맞이하게 될 것이라고 주장하였다. 그들 중 대부분은 자신이 처한 현실이 견딜 수 없이 힘들고 무겁다고 느끼는 사람들로서, 곧 다가올 세상 종말에 모든 것을 걸고서 자신의 가정, 학교, 직장까지도 포기하고 매달렸다. 미구에 닥칠 종말을 고대하면서 고단한 현실에서 도피하고자 했던 것이다.

'전생 증후군'도 이런 맥락에서 이해할 수 있다. 이 경우에는 미래가 아니라 과거, 즉 전생에 관심을 쏟으면서 현실을 도피하는 것이다. 현재의 생활이 뭔지 모르게 계속 꼬이게 되면, 그 원인을 현재가 아니라 전생에서 찾으려고 한다. 버거운 현실을 감당하기 위해 요구되는 성찰과 노력이 힘드니까 전생을 핑계 삼아 현실을 피해 보려는 것은 아닐까? 한마디로 전생 증후군은 불안한 현실에서 눈을 돌리고 불투명한 미래에 대한 걱정을 잊어버리려는 몸부림이다. 이런 태도는 현실의 고통을 잠시 덜고자 진통제를 먹는 것에 비길 수 있다. 그러나 진통제는 치료약이 될 수 없다. 현재의 상황이 어렵더라도 피하지 말고 꿋꿋하게 그 어려움을 헤쳐 나가면서 미래에 대한 희망을 가꿀 수 있는 힘을 주는 것이 진정한 치료약일 것이다.

전생 증후군의 뿌리인 윤회설은 그리스도교와의 공통점이 있다. 곧 죽음을 넘어서 또 다른 삶이 있다는 것, 그리고 살아 있는 동안에 행한 공로와 저지른 잘못에 상선벌악의 원칙이 적용된다는 것을 인정한다는 점에서 그러하다. 하지만 윤회설은 반복되는 삶을 통해서 과거의 업보를 온전히 자신의 힘만으로 청산해야 한다고 주장하는데, 이는 분명 그리스도교 신앙과 다르다. 인간은 태어나서 자신만의 고유한 길을 단 한 번 걷고 난 다음 하느님 앞에서 그 길에 대해 셈을 바치게 된다고 그리스도교 신앙은 가르친다.

흘러간 강물은 다시 거슬러 올라오지 않듯이 한 번 지나간 시간은 다시 되돌아오지 않는다. 그렇기 때문에 인간의 삶은 단 한 번뿐이기에 매 순간을 진지하고 성실하게 보내야 한다. "죽음은 인간의 지상 순례의 끝이며, 지상 생활을 하느님의 뜻에 따라 실현하고 자신의 궁극적 운명을 결정하라고 하느님께서 주시는 은총과 자비의 시간의 끝이다."(《가톨릭 교회 교리서》 1013항) "사람은 단 한 번 죽게 마련"(히브 9,27)이라는 성경 말씀대로 인간은 지상 생활을 마감한 다음에는 다시 지상 생활로 돌아오지 못하기 때문에, 가톨릭 교회는 윤회나 죽음 뒤의 환생을 인정하지 않는다.

 윤회설이 맞느냐 안 맞느냐 하는 것은 숫자나 자료로 증명할 수는 없다. 그것을 믿고 안 믿고는 결국 결단의 문제다. 성경을 신앙생활의 바탕으로 삼는 그리스도인이라면 윤회설을 인정하기 어렵다. 왜 그럴까? 윤회설에서는 전생의 업보가 원인이 되어서 현재의 결과로 나타나고 현재의 업보가 다음 세상의 결과로 나타난다고 하기 때문이다.

 이에 비해서 그리스도교의 하느님은 과거의 잘못을 무상으로 용서하고 새 출발의 기회를 주는 분이다. 예를 들어서, 예수님은 간음하다 현장에서 붙잡힌 여인에게 먼저 죄에 대한 보속을 하라고 요구하시지 않는다. 단지 나도 너의 죄를 묻지 않겠으니 다시는 죄짓지 말라고 하실 뿐이다(요한 8,11). 하느님은 인간이 자신의 죄와 잘못을 다 청산하기를 기다렸다가 용서해 주시는 분이 아니라 무상으로 용서해 주시면서 새롭게 살아가라고 하신다. 하느님께 중요한 것은 과거가 아니라 현재와 미래를 착하게 살아가는 것이다.

 이렇게 용서로써 인간에게 새 출발의 기회를 거듭 주시는 하느님과 과거의 업보를 철저히 자신의 힘으로 청산해야만 하는 윤회설은 근본적으로 다를 수밖에 없다. 그러므로 그리스도교의 하느님을 믿으면서 윤회설을 추종할 수 없고, 더구나 확실하지도 않은 전생에 대한 호기심 속에서 과거에 매달리는 어리석음에 빠져서도 안 된다. 하느님의 계시를 전해 주는 성경은 환생에 대해 전혀 언급하지 않고, 성경과 성전에 대한 권위 있는 해석자인 가톨릭 교회는 환생설을 받아들이지 않는다. 가톨릭 신자라면 성경에 근거도 없고 교회가 거부하는 환생설에 휩쓸리지 말고 한 번뿐인 인생을 깨어서 충실히 살아가도록 노력해야 할 것이다(마르 13,33-37; 마태 25,13; 요한 9,4; 에페 5,16; 콜로 4,5).

현대 세계에는 그리스도교 신앙을 위협하는 요소들이 한두 가지가 아니다. 그러나 위기의 상황은 하느님에 대한 새로운 결단을 통해서 신앙을 더욱 굳건하게 다질 수 있는 좋은 기회가 되기도 한다. 역경에 직면해서 한 가정이 망가지기도 하지만, 반대로 가족 간의 결속을 이전보다 더욱 공고하게 다질 수도 있다. 강한 바람이 나무를 뿌리째 뽑아 버릴 수도 있지만, 반대로 나무뿌리가 땅에 더 깊게 뿌리를 내리는 기회가 되기도 한다. 위기를 호기로 바꾸는 지혜로운 신앙인이 되어야 할 것이다.

● 〈평화신문〉 1996년 10월 27일

맺음말

단순하고 충실하게
주님을 섬기고 싶습니다

1972년 3월 한 소년이 서울 혜화동에 있는 성신고등학교, 곧 소신학교에 입학했습니다. 그는 경기도 북부의 작은 마을에서 3남 2녀 중 막내로 태어나 초등학교와 중학교를 마쳤습니다. 시골에서 어린 시절을 보내고 대도시 서울에 와서 생활하다 보니 어리바리한 점도 많았습니다.

소신학교 1학년 때 있었던 일입니다. 주일 오후 외출 시간에 친구와 함께 시내에 나갔다 돌아오는 길에 구멍가게에 들러서 처음으로 삼각뿔 모양의 아이스콘을 사 먹었습니다. 어떻게 먹는지를 몰라서 뾰족한 끝부분에서부터 까먹었습니다. 겨우겨우 포장지를 벗겨 가면서 먹기 시작했는데, 과자가 먼저 나오고 나중에야 아이스크림이 나와서 이상하다는 생각이 들었습니다. 다 먹고 나서야 아이스콘을 거꾸로 까먹었다는 것을 알고 많이 창피했습니다.

이런 '촌뜨기' 소년이 소신학교에 입학한 지 14년 4개월이 지나 1986년 7월 4일에 혜화동 대신학교 성당에서 사제품을 받게 됩니다. 외국에 나가 공부하느라 동창들보다 만 3년 늦게 신부가 되었습니다. 그래서 감격스러운 마음이 더 컸던 것 같습니다. 서품 후에도 계속된 6년간의 유학 생활, 2년 남짓 본당에서의 사목 활동을 거쳐 대신학교로 자리를 옮겨 17년간 학생들과 함께 지내다 보니 수품 25주년을 맞이하게 되었습니다.

지난 25년 동안의 사제 생활을 되돌아보면, 어느 목사님이 쓰신 책의 제목처럼 "돌아보면 발자국마다 은총이었네."라고 고백할 수밖에 없습니다. 하느님께서 수많은 '천사들'을 통해 미숙하고 부족한 저를 이끌어 주셨다는 것을 확신하게 됩니다. 다른 한편으로 하느님이 제게 주신 큰 은총에 제대로 응답하는 삶을 살아왔는지 반성하지 않을 수 없습니다.

작년 여름 우연히 〈다큐멘터리 3일〉이라는 제목의 텔레비전 프로그램을 시청한 적이 있었습니다. 대학로를 3일간 취재한 내용이었는데, 서울 대신학교 인근에 있는 곳이라서 관심이 갔습니다. 20대 후반의 한 무명 연극인을 소개하는 대목이 인상 깊게 다가왔습니다. 대학로에는 130개의 소극장에서 1,000명가량의 연극인들이 활동하고 있는데, 대부분 연극에 대한 열정 때문에 열악한 환경도 마다하지 않는다고 합니다. 그 청년도 그런 사람들 중 하나였습니다. 그는 보수를 거의 받지 못하기 때문에 생활비를 벌기 위해 안간힘을 써야 했습니다. 자신이 출연한 연극 공연이 끝나면 PC방에 가서 아르바이트를 했습니다. 그리고 다음 날 아침에 퇴근해서 4~5시간 잔 다음에 오후에는 다시 연극 공연을 하러 갔습니다. 이런 힘든 생활을 반복하면서 사는 청년에게 한 선배가 이런 말을 해 주었답니다. "네가 좋아하는 일 하나를 하기 위해서는 하기 싫은 일 열 가지를 해야만 한다."

이 말이 한참 동안 제 머릿속에 맴돌면서 저를 향한 질문으로 다가왔습니다. '과연 나는 이 청년처럼 열정을 갖고서 사제직을 수행해 왔는가? 그 열정 때문에 싫은 일도 감수하면서 기꺼이 희생하면서 살아왔는가?' 그리고 이 질문은 앞으로 좀 더 열과 성의를 다해 사제의 길을 가야겠다는 다짐으로 이어졌습니다. 이렇게 제 스스로에게 질문을 던지고 다짐하는 가운데 성 요한 크리소스토모 주교와 농부 출신의 한 사제의 일화를 떠올리게 되었습니다.

동로마 제국의 수도 콘스탄티노플의 대주교를 지냈던 요한 크리소스토모 주교(344/354?~407)는 크리소스토무스, 곧 '황금의 입[金口]'이라는 별명이 붙을 정도로 탁월한 설교자였습니다. 하지만 권력자와 부자들의 사치와 인색함을 신랄하게 비판하였기 때문에 백성의 사랑을 듬뿍 받기도 했지만, 반대자들도 많이 만들었습니다. 반대자들 중에는 황후도 있었고, 결국 이들에 의해 파직을 당하여 유배지에서 죽음을 맞이하게 됩니다.

크리소스토모 주교가 재임 중에 있었던 일입니다. 어느 날 자신의 교구에서 사제가 없어 어려움을 겪고 있는 곳을 찾아가 농부 한 사람을 잘 가르쳐 사제품을 주었습니다. 그 당시는 신학교 제도가 없던 시절이었기 때문에 주교가 판단해서 서품을 주기도 했습니다. 크리소스토모 주교는 농부 출신의 사제가 제대로 성무를 행하고 있는지 염려가 되어 마음이 편치 않았습니다. 그래서 몰래 그곳을 다시 찾아가서 그 사제가 미사를 어떻게 봉헌하는지 지켜보았습니다.

성당 기둥 뒤에 숨어 미사를 지켜보던 크리소스토모 주교는 자신도 모르게 눈물을 흘렸습니다. 그렇게 정성을 다해 기도드리고, 강론에 열정을 쏟고, 참석한 사람들의 마음을 사로잡는 사제를 일찍이 본 적이 없었기 때문입니다. 미사가 끝난 후 크리소스토모 주교는 제단으로 나아가 그 사제 앞에 무릎을 꿇고 "나는 당신처럼 열정과 사랑으로 하느님을 섬기는 사제를 일찍이 본 적이 없소."라고 말하며 축복을 청했습니다. 그러자 사제는 의아한 표정을 지으면서 말했습니다. "주교님, 하느님을 섬기는 데 다른 방법도 있습니까?"

시대마다 요구되는 사제상이 조금씩 다를지 모르지만, 그 핵심은 변하지 않습니다. 주님의 일꾼으로서 열정과 사랑의 마음으로 단순하고 충실하게 주님을 섬기는 것입니다. 농부 출신의 사제처럼 열과 성의를 다해 단순하고 충실하게 사제 직무를 수행하는 것, 이것이 사제들에게 한결같이 요구되는 덕성일 것입니다.

갈수록 세상이 복잡해지고 혼란스러워집니다. 또한 자신의 이익과 편리에 따라 신념을 버리고 마음을 바꾸는 일이 예사로 일어납니다. 연어가 물살을 거슬러 올라가듯이 사제는 이런 세태를 거슬러서, 한결같이 단순한 마음으로 충실하게 주님을 섬기는 삶을 살아야 할 것입니다. 어떤 상황에서든 주님에 대한 열정으로 단순하고 충실하게 주님을 섬기면서 묵묵히 살아가는 사제들, 혼란과 변덕스러움이 넘쳐 나는 세상에서 우직하게 자신의 길을 확신 있고 꿋꿋하게 가는 사제들이 좀 더 많아지기를 기원합니다. 저도 그런 사제로 살아갈 수 있는 은총을 청해 봅니다.

지은이 손희송 베네딕토 주교

경기도 연천에서 태어나 1986년 오스트리아 인스브루크 대학교에서 교의 신학 석사 학위와 사제품을 받았다. 1992년 귀국하여 1994년까지 서울대교구 용산 성당에서 주임 신부로 사목했으며, 1996년 가톨릭대학교 신학대학원에서 교의 신학 박사 학위를 취득했고, 동 대학교에서 신학 교수를 역임했다. 2012년부터 천주교 서울대교구 사목국 국장으로 재임하던 중, 2015년 프란치스코 교황에 의해 서울대교구 보좌 주교에 임명되었다.

저서로《그리스도교 신학의 근본 규범인 예수 그리스도》,《열려라 7성사》,《신앙인》,《나에게 희망이 있다》,《주님이 쓰시겠답니다》,《성사, 하느님 현존의 표지》,《믿으셨으니 정녕 복되십니다》,《미사 마음의 문을 열다》,《주님은 나의 목자》,《일곱 성사, 하느님 은총의 표지》,《행복한 신앙인》,《주님의 어머니, 신앙인의 어머니》,《일곱 성사》,《절망 속에 희망 심는 용기》,《사계절의 신앙》,《우리 시대의 일곱 교황》 등이 있다.